W0383880

NEW YORK
STREET FOOD

TOM VANDENBERGHE,
JACQUELINE GOOSSENS & LUK THYS

NEW YORK

STREET FOOD

MANGO

Sommaire

INTRODUCTION

Inutile de faire le tour de la planète pour découvrir les cuisines du monde, parcourir les rues de New York suffit.

Aucune ville n'abrite une telle diversité d'immigrés et naturellement une telle variété de cuisines de rue. Tout ce qui se mange dans le monde se trouve à New York, patchwork unique de traditions culinaires. Et jour après jour, de nouveaux immigrés font découvrir de nouvelles recettes aux Américains, dans les rues de New York.

Comme en Asie, en Afrique et en Amérique latine, l'authentique cuisine mondiale est celle de la rue, celle de la fierté et de la générosité de ses artisans. Roulotte kitsch du Bronx, luxueux food truck de Manhattan ou modeste tricycle à tacos de Brooklyn, tous reflètent cette extraordinaire diversité de couleurs et de saveurs.

La street food a pour caractéristique essentielle d'être sans cesse en mouvement. Les échoppes changent de place aussi vite que les camions, c'est-à-dire instantanément, en fonction de la météo ou des tendances du moment, abondamment relayées par les réseaux sociaux. Un smartphone bien connecté vaut ici tous les guides gastronomiques, pour répondre à tout instant à la question : « où se trouve mon food truck préféré ? ».

Pour suivre cette cuisine mobile, New York dispose heureusement d'un réseau de transports publics très efficace, qui vous fera parcourir la moitié du monde en quelques minutes. Quittez les circuits touristiques, partez à la recherche de saveurs authentiques et vous découvrirez les quartiers cachés d'une métropole fascinante.

La cuisine américaine n'a pas de terroirs et de traditions culinaires comme la France ou la Chine et c'est ce qui la rend très abordable. Dénués d'*a priori*, les Américains n'hésitent pas à assembler toutes sortes de produits pour obtenir des plats qui décoiffent : tacos au kimchi coréen (chou fermenté) ou gaufres (salées...) au chili.

À New York, on déjeune sans frontières, l'aventure est dans la rue !

NEW YORK CITY

Avec 8,3 millions d'habitants, New York est la plus grande ville des États-Unis. Elle comprend cinq arrondissements : Manhattan, Brooklyn, Queens, le Bronx et Staten Island. Ses quartiers les plus célèbres, Wall Street, Times Square, Broadway, Harlem, Soho, sont tous situés à Manhattan.

La baie de New York est un des plus grands ports naturels du monde. Son histoire commence en 1624, quand les Portugais installent un comptoir commercial à l'extrémité sud de l'île de Manhattan, qu'ils appellent la Nouvelle-Amsterdam. En 1664, la ville est conquise par les Anglais, qui la rebaptisent aussitôt New York.

La ville a toujours eu un caractère international. En 2012, 40 % de sa population était née hors des Etats-Unis, ce qui en fait incontestablement la ville la plus internationale du pays et probablement du monde. On peut manger chaque jour une cuisine différente, dans ses 24.000 restaurants, auxquels il faut ajouter quelques milliers d'échoppes de cuisine. Tous ces établissements sont régulièrement inspectés par les autorités sanitaires de New York, dont la réputation de sévérité n'est plus à faire.

Le Bronx
Manhattan
Queens
Brooklyn
Staten Island

TITAN
OCT 7

À PROPOS DE TOM

Tom Vandenberghe est un globe-trotter de la cuisine. Cheville ouvrière du studio culinaire « Eating adventure » à Gand, sa passion l'a mené à ouvrir dans la même ville le « Ramen », un noodle bar asiatique .

Après plusieurs livres consacrés à la street food du Sud-Est asiatique (Bangkok, Hanoï, Singapour et Penang), l'envie d'écrire n'a pas quitté Tom, qui a vécu deux ans à Bangkok et à Hanoï. Pour lui, la cuisine de rue a toujours été étroitement associée à l'Asie ; en séjournant à New York, il a découvert les nouvelles tendances culinaires, la soul food du sud des États-Unis, la cuisine des Caraïbes, les cuisines traditionnelles d'Amérique centrale et d'Amérique du Sud. Plus il approfondit ces cultures, plus il découvre de nouveaux produits, de nouvelles recettes, de nouvelles traditions culinaires : c'est aujourd'hui sa raison de vivre.

Tom partage sa passion avec un ami, le photographe culinaire Luk Thys. Par son intermédiaire, il a rencontré Jacqueline Goossens qui lui a transmis son amour immodéré pour New York, un peu de sa connaissance encyclopédique de la ville et lui a fait découvrir son engagement social intense auprès des plus défavorisés.

À PROPOS DE JACQUELINE

Jacqueline est arrivée à New York en octobre 1980. Depuis, elle y travaille pour plusieurs médias belges. Elle a écrit cinq livres sur sa vision de la métropole ; celui-ci est le sixième. Elle vit avec l'artiste et écrivain Tom Ronse sur la côte nord de Staten Island, dans le « quartier oublié » comme le nomment les politiques, le « shaolin » des rappeurs.

Jacqueline a passé son enfance à Magdelem, en Flandre orientale. Comme elle n'a jamais oublié le goût de la cuisine du potager de ses grands-parents et de ses parents, elle continue à préparer les recettes campagnardes de sa grand-mère, en ajoutant ici ou là les nouveaux ingrédients qu'elle ne cesse de découvrir dans la grande métropole internationale.

Jacqueline adore dénicher des produits de qualité sur les petits marchés de producteurs, dans les quartiers ethniques ou chez les vendeurs ambulants. Collaborer avec Tom et Luk, lui a donné l'occasion de faire partager son intérêt pour la cuisine new-yorkaise. Elle tient à remercier aussi Tom Ronse, Annelies Van den Bleeken, Justin Ferate, Brit Uwaert, Edwig Tanghe, Geert Ally et Michaël Marïen pour leurs contributions à ce livre.

À PROPOS DE LUK

Luk est un photographe culinaire chevronné et renommé à l'international. Beaucoup de ses photographies sont faites à la lumière du jour dans son studio de Ghent, où il collabore avec son associé, également photographe, Bram Debaenst ainsi qu'une équipe de stylistes culinaires talentueux.

Tom Vandenberghe est comme un frère pour lui. Ensemble ils ont exploré la planète, à la recherche de nouvelles histoires et images de cuisines de rue. New York a encore resserré le lien qui les unit. Et grâce à l'aide de Jacqueline, cette ville vivante et colorée a été une formidable source d'inspiration pour eux, et a encore aiguisé leur appétit pour la cuisine de rue.

ONE WAY
PIZZA

À PROPOS DE CE LIVRE

Quand j'ai présenté le projet de ce livre sur New York, je me suis souvent entendu dire : « la street food, ce ne sont que des hot dogs, des kebabs, des bretzels et des cacahuètes grillées ». C'était une bonne raison de me mettre à la recherche de recettes authentiques dans tous les quartiers de la ville.

Connaissant déjà la grande diversité des cuisines de restaurants, j'ai été heureux de voir qu'elle se reflétait largement sur les trottoirs. La cuisine de rue est vivante à New York parce qu'elle nourrit toutes sortes de gens. Cadres en costumes trois-pièces faisant la queue aux food trucks de Manhattan, ouvriers achetant tacos et enchiladas chez les Sud-Américains, jeunes branchés à la recherche de soul food dans le Bronx, la cuisine des rues de New York est riche et diverse, à l'image de la ville tout entière.

Avec raison, les cuisiniers ambulants ne donnent pas toujours leurs tours de main.
On les comprend, parce qu'une bonne recette, souvent transmise en famille depuis des générations, c'est aujourd'hui un gagne-pain et demain l'assurance de la pérennité de la petite entreprise. La cuisine est faite d'expérimentations et d'interprétations.

NOUS AVONS RASSEMBLÉ ICI DES RECETTES GOÛTÉES DANS LES RUES, MAIS CUISINÉES À NOTRE FAÇON.

Ce livre n'a pas la prétention d'être exhaustif, c'est plutôt un instantané de la street food new-yorkaise contemporaine. La ville, en changement constant, est tellement diverse qu'une vie ne suffirait pas à la découvrir. Nous espérons qu'avec cet aperçu de sa cuisine de rue, le lecteur amateur aura envie d'aller un peu plus loin, en sortant des sentiers battus.

Jacqueline nous a fait bénéficier de sa connaissance exceptionnelle de la grande métropole pour nous faire découvrir un New York intime. J'ai pu ainsi rencontrer quantité de New-Yorkais, natifs ou immigrés, légaux ou illégaux ; mes années de voyages sur plusieurs continents et ma passion de la cuisine m'ont ouvert bien des portes, et pas seulement celles des cuisines. On m'a raconté des sagas familiales autant que d'anecdotes culinaires, au cours de rencontres parfois brèves mais jamais superficielles. L'amour de la cuisine rapproche les gens.

La rue new-yorkaise m'a frappé par la solidarité qui s'y manifeste : ses habitants s'entraident et sont toujours prêts à aider l'étranger, qu'il cherche une station de métro, une église ou une épicerie. Parce qu'ils sont de toutes les nationalités et de toutes les couleurs de peau, les New-Yorkais adorent les contacts humains. New York pourrait bien être un modèle pour le futur, une ville où l'on ne fait pas de différence entre l'indigène et l'étranger ; ensemble et en s'entraidant, on vit mieux dans la jungle urbaine.
Pour cela, pour garder à ce livre le caractère international de New York, nous n'avons pas classé les recettes en fonction de leur origine, de leurs ingrédients ou de leur mode de cuisson.

MORAN'S

Le courant est passé

Partie un matin pour Manhattan où j'avais plusieurs rendez-vous, je réalisai soudain que j'avais oublié mon portefeuille. Sans argent, sans carte de crédit, je pouvais faire une croix sur le déjeuner. Dans l'après-midi, je commençais à avoir très faim. Manhattan était plein de restaurants, de boutiques de vente à emporter, de food trucks et de vendeurs ambulants; dans les rues, je ne voyais que des passants se régalant de toutes sortes de petits plats délicieusement odorants. Je me consolais, en me disant que je serais chez moi dans quelques heures et en pensant à tous les malheureux qui se coucheraient le ventre vide ce soir-là. Mais j'avais toujours faim...

Près de l'entrée d'une station de métro, une Mexicaine se tenait près d'un caddy, où un sac poubelle dissimulait tant bien que mal un réchaud : l'attirail typique des sans-papiers qui survivaient en vendant discrètement des petits plats. Avec les deux pièces de 10 cents retrouvées dans la poche de mon manteau, je lui demandai si elle pouvait me vendre quelque chose. « J'ai oublié mon portefeuille et j'ai vraiment faim. » Avec un grand sourire, elle me tendit deux churros enveloppés dans une feuille de papier. Je me récriai qu'un seul suffirait largement, mais elle me mit les beignets dans la main avec énergie. Il ne me restait qu'à la remercier. La générosité de cette femme et le goût merveilleux de ses churros restent mon plus beau souvenir de cuisine de rue.

J'ai toujours éprouvé beaucoup de sympathie pour les vendeurs ambulants, aussi bien chez moi qu'à l'étranger. Quand Tom Vandenberghe et son photographe Luk Thys m'ont demandé de les aider à écrire un livre sur la street food new-yorkaise, j'ai tout de suite accepté. Au début, j'étais un peu tendue. Je me promène seule dans New York depuis tant d'années, à la recherche d'inspiration pour des articles, des chroniques et des livres, que j'appréhendais d'avoir à le faire en compagnie de deux hommes presque inconnus.

Le premier jour, j'ai proposé d'aller dans le quartier populaire de South Bronx. Bon présage, Tom et Luk sont très décontractés pendant le trajet en métro. Premier arrêt à un modeste stand de cuisine dominicaine. Tom salue la vendeuse avec un sourire espiègle qui, je le constaterai plus tard, fait fondre tous ses interlocuteurs, hommes ou femmes. Il lui commande un plat, le goûte avec attention et demande comment elle l'a préparé. Il savoure ensuite un verre de lait et un jus d'orange, en prenant tout son temps. À ce moment, il sort de son sac à dos « Hanoï Street Food » et explique qu'il est en train d'écrire le même livre sur New York. Luk improvise une sellette avec le seul siège de l'établissement et commence à photographier, disposant les plats sur la chaise sous l'œil étonné des passants. Tom suggère des angles de vue, Luk modifie sa mise en scène et tout se passe à merveille.

Deuxième arrêt aux Tacos de Maria, un kiosque très réputé, ouvert tous les jours dès 7 h du matin. Tom commande quelques plats, montre à nouveau son livre et Maria approuve. La glace est rompue, les deux discutent entre cuisiniers, tandis que Luk empile une pyramide de quesadillas sur un plat. Je m'installe à une table au soleil pour observer les deux hommes. Tom et Luk sont sans *a priori* et très respectueux de tout le petit monde de la rue : je sais maintenant qu'il sera très agréable de travailler avec eux. Ils possèdent en outre deux qualités rares, le don de l'improvisation et le sens de l'humour.

Nous avons quadrillé les cinq arrondissements de la métropole pour préparer ce livre. L'offre culinaire des rues de New York est à l'image de la ville : vivante et changeante, extraordinairement variée et à l'origine d'étonnantes fusions.

Love
iced menu
GOURMET
STREET
COFFEE
CAPPUCCINO

LE RÉCIT DE TOM

À la fin de l'été 2012, j'ai fait une pause dans ma vie d'entrepreneur affairé. Ce fut la première occasion de me plonger dans la vie new-yorkaise, du moins dans sa cuisine de rue. Cherchant l'inspiration pour créer un noodle bar asiatique dans ma ville natale de Gand, j'ai donc repris un billet Bruxelles - New York pour la cinquième fois dans ma vie de voyageur. Je n'aurais pu choisir meilleure destination : toutes les idées y mènent, toutes les tendances en viennent. New York est un volcan d'énergie créative visible de la lune.

Pour partir à la recherche de nouvelles sensations culinaires, j'ai d'abord loué par le site Airbnb une chambre à Williamsburg, le quartier branché de Brooklyn. Pour 30 dollars j'ai acheté un Pass d'une semaine de trajets illimités dans le métro et je suis parti pour Manhattan par la ligne M. Métro et train sont vitaux pour les New-Yorkais : des centaines de lignes désignées par des chiffres et des lettres irriguent jour et nuit la métropole comme les veines notre corps. C'est simple, vous avez plus de chances de survivre dans la jungle new-yorkaise si vous habitez près d'une station de métro.

Ma première visite est pour Koreatown, une enclave coréenne au cœur de Manhattan. J'ai choisi K-town, comme l'appellent les New-Yorkais, parce que la cuisine coréenne s'exporte maintenant dans le monde entier. 34 ème rue, je suis tout excité en entrant chez mon premier traiteur coréen. Sur un énorme buffet, de superbes assiettes de légumes frais, de tofu, de poissons, de **bulgogi**, le barbecue coréen, de **kimchi**, le plat national à base de chou fermenté. Quelques plats soigneusement choisis et je passe à la caisse, où tout est pesé : pour 7 dollars, j'ai un repas complet bien équilibré. Le bœuf du bulgogi est moelleux et délicieusement assaisonné, les légumes croquants. Tout est frais, savoureux et vraiment bon marché : mon premier repas de la journée est une réussite.

Retour à la ligne M, direction Brooklyn. Un jeune joue du saxophone dans le wagon et me remercie d'un petit salut amical quand je lui donne un dollar. Me voilà sur la 2e avenue, je vais enfin voir le Momofuku, le légendaire noodle bar de David Chang dont je rêve depuis longtemps. À l'intérieur, l'ambiance est très zen, les produits de toute première qualité, préparés et présentés avec beaucoup de soin. Cette cuisine qui paraît toute simple est en réalité subtile et complexe. J'ai choisi un bol de **ramen**, les nouilles japonaises réinterprétées par le Momofuku. Quand je crève l'œuf mollet, le bouillon prend une consistance crémeuse. La poitrine de porc fond dans la bouche. J'y ajoute une pointe de sriracha, la sauce aux piments thaïlandaise, en observant les cuisiniers qui s'affairent. Sur le comptoir, un flyer annonce pour le lendemain un forum consacré à la cuisine de rue new-yorkaise, suivi d'un déjeuner préparé par le Momofuku, bien sûr. J'achète une entrée sur le chemin du retour à Williamsburg.

Comme un vrai New-Yorkais, je commence la journée avec un café à emporter, bien trop chaud pour être bu, et je m'engouffre dans le métro, ligne M toujours, en compagnie de quelques milliers de New-Yorkais, comme si j'avais fait ça toute ma vie. Je vais aujourd'hui à Park Avenue, dans le quartier huppé de Manhattan, où les food trucks se rassemblent à l'heure du déjeuner. 11 h du matin : j'arrive devant le Cinnamon Snail, au carrefour de la 47e rue. Il est temps de voir en chair et en os son propriétaire Adam, dont j'ai un peu suivi les activités sur Facebook. Le Cinnamon Snail sert quantité de plats salés et sucrés, tous bio et végétariens. Difficile de choisir. Je finis par opter pour un **sandwich de seitan** (une protéine végétale venant d'Asie) et un **brownie au chocolat**, que je vais déguster sur un banc au soleil. Le seitan est croustillant, l'assaisonnement de sirop d'érable et de moutarde en fait un sandwich de haut goût. Le piment Jalapeno émietté sur le brownie surprend au premier abord, mais après tout, il y a des siècles, les Mayas assaisonnaient déjà leur xocolatl de piments rouges.

Devant moi, la file s'allonge démesurément devant le Cinnamon Snail, Des dizaines de femmes et d'hommes d'affaires en costume-cravate font patiemment la queue pour déjeuner sainement et légèrement.

→ suite p. 62

해초무침
Veg
Seasoned Seaweed
Spicy
콩나물
Veg
Beansprout
Bellflower Root
Spicy
Veg
Potato
Seaweed + Crab
장어정식과 국 또는 샐러드
Eel Lunch Box (w/Soup or Salad)
Spicy
Spicy Chicken
모듬나물
소고기찐만두
Steamed Beef Dumpling
Spicy

BULGOGI

★★

Boeuf grillé à la coréenne

LA RECETTE !

Mélangez la sauce soja, le sucre, l'huile de sésame, l'ail, le gingembre et le piment. Roulez les lamelles de bœuf dans cette marinade et laissez-les s'en imprégner pendant 1 heure.

Égouttez la viande.

Faites revenir l'oignon avec l'huile jusqu'à ce qu'il soit bien doré. Ajoutez la ciboule et les graines de sésame et servez en même temps que le riz.

INGRÉDIENTS

- 8 cl de sauce soja
- 3 c. à s. de sucre en poudre
- 2 c. à c. d'huile de sésame
- 2 gousses d'ail finement hachées
- ¼ c. à c. de gingembre frais râpé
- ½ c. à c. de piment en poudre
- 500 g de bœuf tendre, en petites lamelles
- 2 c. à s. d'huile végétale
- 1 petit oignon haché
- 2 tiges de ciboule finement émincées
- 2 c. à s. de graines de sésame rôties

*** À SAVOIR ***

Bulgogi signifie littéralement « viande de feu ». Traditionnellement, on la grille sur un barbecue dédié à ce plat.

(L)—Manhattan : Midtown South

($) 0 5 10 15

(A)—Adresse n° 19

Oh Happy Day

INGRÉDIENTS

- 1 chou chinois
- 5 c. à s de sel
- 1 c. à s. de nuoc-mâm
- 3 tiges de ciboule, en tronçons de 2,5 cm
- 1 petit oignon finement haché
- 2 gousses d'ail finement hachées
- 1 c. à s. de sucre en poudre
- 1 c. à c. de gingembre frais, râpé
- 2 c. à s. de piment en poudre

J'aime beaucoup le kimchi dans les soupes ou en condiment d'un plat.

KIMCHI

Chou fermenté coréen

(L)—**Manhattan : Midtown South**

($) 0 5 10 15

(A)—**Adresse n° 19**

LA RECETTE !

Coupez le chou chinois en deux dans la longueur, puis chaque moitié en trois, et retirez le cœur dur. Rincez-le et épongez-le avec soin. Frottez les feuilles de sel, une à une. Superposez-les dans un plat profond et laissez macérer 6 heures au réfrigérateur.

Rincez le chou à l'eau courante et pressez bien les feuilles pour les égoutter au maximum. Mettez-les dans un bol avec le nuoc-mâm, la ciboule, l'oignon, l'ail, le sucre, le gingembre et mélangez bien. Saupoudrez de piment.

Placez le chou dans un récipient hermétique et laissez fermenter 4 jours dans un endroit frais.

Servez avec du riz, dans des soupes, ou des plats sautés au wok.

Le kimchi peut se conserver quelques semaines, voire quelques mois au réfrigérateur.

* **À SAVOIR** *

Selon certains, cette recette a plus de 2500 ans et fait partie des 5 plats les meilleurs pour la santé. Le processus de fermentation libère des vitamines A, B et C.

BROWNIES

À mi-chemin du cake et du cookie, le brownie existe depuis longtemps. La première recette connue, qui date de la fin du XIXe siècle, est attribuée au chef du luxueux Hotel Palmer, à Chicago. Devenu d'abord très populaire aux Etats-Unis et au Canada, ce biscuit est aujourd'hui universellement apprécié.

* À SAVOIR *

On trouve des brownies partout à New York, dont la qualité et le prix varient sensiblement selon la recette. Le brownie est un gâteau tout simple, mais savoureux, qu'on peut sophistiquer un peu avec une boule de glace, un nuage de chantilly, des framboises ou des lamelles de fraises.

INGRÉDIENTS

- 100 g de beurre
- 200 g de chocolat à cuire (60% de cacao)
- 280 g de sucre en poudre
- 2 œufs
- 30 g de cacao en poudre
- ½ c. à c. de sel
- 40 g de farine
- huile ou beurre pour le moule

(L)—Manhattan : Midtown

($) 0 5 10 15

(A)—Adresse n° 15

LA RECETTE !

Préchauffez le four à 180°C (th.6).

Faites fondre le chocolat et le beurre au bain-marie : mettez-les dans un bol posé sur une casserole d'eau frémissante, sans que le fond touche l'eau. Lissez le mélange en remuant avec une cuillère métallique.

Retirez le bol du bain-marie et ajoutez le sucre. Incorporez les œufs, l'un après l'autre, en remuant, puis ajoutez le cacao et le sel. Mélangez bien. Ajoutez la farine et mélangez à nouveau. Versez la pâte dans un moule carré.

Faites cuire 30 à 35 minutes. Vérifiez la cuisson en piquant une pointe fine au cœur du gâteau : il est cuit quand quelques miettes de pâte humide y adhèrent encore.

Mettez à refroidir sur une grille, puis découpez en 9 carrés. Si vous ne servez pas immédiatement, mettez les brownies dans une boîte hermétique ou emballez-les dans une feuille d'aluminium pour éviter qu'ils ne sèchent.

Variante : Si vous le souhaitez, vous pouvez ajouter à la pâte des noix de pécan.

INGRÉDIENTS

- 4 tranches de pain
- 200 g de seitan
- 2 c. à s. d'huile végétale
- ½ oignon, coupé en rondelles
- 1 tomate, coupée en rondelles
- 1 poignée de roquette
- 4 c. à s. de moutarde forte
- 2 c. à s. de sirop d'érable
- sel et poivre du moulin

TEMPEH SANDWICH

Sandwich au seitan

J'ai goûté du seitan pour la première fois au Cinnamon Snail, un food truck connu pour l'originalité de ses plats. Cet aliment fabriqué avec des protéines de blé remplace parfaitement la viande, comme le tofu pressé, que vous pouvez lui substituer.

LA RECETTE !

Faites griller le pain.

Coupez le seitan en tranches d'environ 8 mm.

Faites-les frire à la poêle avec l'huile, 2 minutes de chaque côté.

Mélangez la moutarde et le sirop d'érable, en fouettant pour bien les homogénéiser. Salez et poivrez. Étalez ce mélange sur un côté des toasts.

Sur deux des tranches, répartissez un peu de roquette, les rondelles de tomate, le seitan et un peu d'oignon.

Recouvrez d'une seconde tranche de pain, posée dans l'autre sens, puis coupez les sandwiches obtenus en diagonale, pour en faire des triangles.

(L)—Manhattan : Midtown

($)— 0 5 10 15

(A)—Adresse n° 15

Le seitan est encore meilleur si vous le faites mariner quelques heures avant, avec, par exemple, 2 c. à s. de sauce soja et du cinq épices chinois, ou de la sauce soja et de la citronnelle. Vous pouvez trouver d'autres idées.

230

This Week's Special:
Porcini mushroom tempeh meatball sub
With garlic white bean puree
Red wine & basil tomato sauce
and marinated kale on a grilled baguette
$9.00
Maker's Mark
8th
VEN

Déjeuner à New York

Chaque jour, du lundi au vendredi, autour de midi, un véritable tremblement de terre secoue la ville : des millions de New-Yorkais ont faim ! Ils veulent manger ! Tout de suite ! Chaque jour, une gigantesque armée se lève alors pour les nourrir. Dans les palaces trois-étoiles et dans les restaurants vieux style, dans les bars à salades ou à sandwiches, autour des kiosques et des food trucks. Les touristes et les immigrants sont toujours sidérés par l'énormité de la foule se précipitant pour déjeuner et par l'immense choix offert : pourtant habituée de New York, je reste moi-même toujours aussi impressionnée. Vous avez envie d'un sandwich au pastrami, d'une assiette de porc et de salsa verde, d'une soupe de clams de Manhattan, d'un soda au gingembre ou peut-être d'un smoothie ? Tout ce que vous rêvez de manger, vous le trouverez à New York !

Le déjeuner quotidien d'aujourd'hui est né à New York. Autrefois, le principal repas de la journée était celui de midi, dinner aux États-Unis, dîner en Europe. Le déjeuner était le premier repas du matin (breakfast) et le repas du soir , plus léger, le souper (supper). Au XIXe siècle, l'industrialisation bouleversa ce modèle, en particulier à New York où la société se transformait très rapidement. La plus grande ville d'Amérique était alors la capitale mondiale du commerce, de l'industrie et de la finance. On ne donnait que très peu de temps aux ouvriers et aux employés de bureau pour manger, une demi-heure, parfois moins. Le vrai repas cuisiné, le dîner, devint donc celui du soir. À la mi-journée, on se contentait d'un déjeuner rapide (lunch). Le premier repas de la journée devint petit-déjeuner en Europe, restant breakfast aux États-Unis.

Au début du XXe siècle, New York était devenue une métropole débordante d'activité, où primait la recherche de l'efficacité maximum. Des horloges pointeuses contrôlaient désormais les horaires des employés et tout le monde portait une montre de poche. À l'heure du déjeuner, on ne se souciait pas de la qualité du repas, mais du temps nécessaire pour l'avaler. Le quick lunch, devenu la norme à New York, se répandit dans tout le pays et le mot désignant ce type de repas s'appliqua bientôt à l'établissement qui le servait. L'habitat s'éloignant sans cesse du lieu de travail accéléra la tendance. Le centre des affaires et les commerces étant concentrés dans la moitié sud de l'île de Manhattan, les banquiers, les commerçants et une grande partie de la middle-class new-yorkaise s'éloignèrent vers les quartiers plus résidentiels de la périphérie. Il était difficile dans ces conditions de rentrer déjeuner chez soi et le quick lunch se généralisa.

En 1912, Joe Horn et Frank Hardart ouvrent le premier restaurant « Automat » de New York. Ce type d'établissement existait en Europe depuis une trentaine d'années. Celui de New York était installé derrière la façade de verre d'un magnifique bâtiment de deux étages, au cœur de Time Square, et les New-Yorkais l'adoptèrent instantanément. Difficile de faire plus efficace : il suffisait d'introduire une pièce de 5 cents dans la machine pour ouvrir une petite porte et sortir un bol de coleslaw et de salade de pommes de terre, une barquette de jambon à l'ananas ou une portion de cheesecake... Le succès ne se fit pas attendre : au début des années 20, New York comptait 41 Automat et 750 000 clients de toutes classes sociales.

Dans les années 50, les cantines d'entreprise et les premiers fast-food ont commencé à les concurrencer, d'autant que les Automat n'acceptaient toujours que les pièces de 5 cents et de 25 cents. Le dernier a fermé ses portes en 1991, mais quelques New Yorkais les regrettent encore.

Les cadres supérieurs, de leur côté, pratiquaient plutôt le « déjeuner de travail ». L'expression apparue dans le magazine Esquire en 1979, à propos du grill-room des Quatre Saisons à New York, désignait en réalité une pratique bien plus ancienne. Les hommes d'affaires et les cadres d'un certain niveau, n'étant pas tenus de déjeuner en une demi-heure, avaient le temps de partager leur repas avec des collègues, mais surtout avec des clients, pour poursuivre et conclure leurs affaires autour d'une table. C'est ainsi que le Delmonico, un restaurant très chic de Wall Street, a lancé le concept du « repas d'affaires », vite largement élargi : beaucoup de New-Yorkais se donnent rendez-vous au restaurant pour échanger des idées, prendre des contacts, observer la concurrence, ou tout simplement se faire voir...

Mais l'on se fatigue vite des grands restaurants et le succès de la street food ne s'est pas fait attendre. Chaque jour, au hasard des petits kiosques comme des grands food trucks, les banquiers en costumes trois-pièces font la queue en compagnie des ouvriers du bâtiment et des étudiants pour un bagel, un riz aux haricots, ou un hot dog. Ils déjeunent debout, assis dans un parc ou marchant sur un trottoir : c'est la vie new-yorkaise.

N'oublions pas les repas gratuits, qui concernent quelques centaines de milliers de New-Yorkais. Les élèves des écoles publiques ont droit à un repas gratuit ou très bon marché, en fonction des revenus de leurs parents, même pendant les vacances scolaires. Une école primaire de Times Square a initié cette tradition en 1908 et un demi-siècle plus tard, l'obligation était étendue à toutes les écoles, pour tous les élèves. Les soupes populaires, très nombreuses à New York, distribuent aussi gratuitement des repas chauds aux sans-abri et aux retraités pauvres. Si quelques-unes sont gérées par la mairie, la plupart dépendent d'œuvres de charité. Malheureusement, on voit leurs files s'allonger un peu plus chaque année et elles ne parviennent plus à nourrir tout le monde. Des New-Yorkais rentrant chez eux le ventre vide, c'est aussi une réalité de cette métropole hors norme.

4
Times Square

*Originaire de Roumanie,
le Pastrami a été adopté par
toute la communauté juive.
On le prépare couramment
avec du mouton.
Sa préparation demande
un soin particulier
et une hygiène parfaite
pour ne pas favoriser
de développement bactérien :
veillez à ce que la viande
soit toujours complètement
immergée pendant les
3 semaines de saumurage.
Essayez d'autres épices
(cannelle, cumin, gingembre),
pour varier les saveurs.*

PASTRAMI

Bœuf saumuré et fumé

Le Pastrami me rappelle toujours Joey de la série Friends et, bien sûr, la célèbre épicerie juive Katz, à Manhattan.

(L) Manhattan : Lower East Side

($) 0 – 5 – 10 – 15 (5 à 10)

(A) Adresse n° 23

INGRÉDIENTS

Marinade
- 4 l d'eau
- 100 g de sucre en poudre
- 100 g de sel
- 2 c.à s. de poivre noir moulu
- 4 feuilles de laurier
- 4 branches de thym frais
- 4 gousses d'ail, aplaties à la main
- 1 c. à s. de baies de genièvre
- 2 kg de bœuf maigre

Assaisonnement
- 2 c. à s. de baies de genièvre
- 1 c. à s. de graines de coriandre
- 2 branches de thym frais
- 3 c. à s. de poivre en grains

LA RECETTE !

Mettez l'eau dans un petit faitout avec le sel et le sucre, puis chauffez doucement pour les dissoudre complètement. Retirez du feu, ajoutez le poivre, le laurier, le thym, l'ail et le genièvre. Laissez infuser environ 1 heure.

Placez le bœuf dans un récipient profond et versez cette marinade. Couvrez d'un film alimentaire et posez un poids sur la viande pour qu'elle reste bien immergée. Laissez-la macérer 20 jours, en la retournant tous les 2 jours.

Mettez les ingrédients de l'assaisonnement dans un mortier et écrasez-les grossièrement au pilon. Frottez toute la surface de la viande avec ce mélange.

Mettez un fumoir ou un gril à fumer en route. Fumez la viande pendant environ 3 heures.

Placez enfin la viande dans un plat à rôtir, avec un peu d'eau dans le fond et faites-la cuire 2 heures au four préchauffé à 120°C (th.4).

Laissez refroidir et coupez en tranches très fines. Le Pastrami fait d'excellents sandwichs.

Personne ne semble connaître l'origine du premier clam chowder à la tomate, celui dit « de Manhattan ». Mais ce plat était déjà répandu aux alentours des années 1880, dans les restaurants de Coney Island, de Brighton Beach et de Manhattan Beach.

En 1921, quand l'extension du métro vers Coney Island a fait de ces endroits des lieux très fréquentés, le Manhattan clam chowder est devenu extrêmement populaire.

L'origine de son nom n'est pas certaine non plus. Il pourrait venir de celui du chaudron où les terre-neuvas bretons faisaient leur soupe du jour, sur la plage, avec ce qu'ils avaient sous la main.

MANHATTAN CLAM CHOWDER

Ⓛ—Manhattan : Chelsea

Ⓢ— 0 5 10 15

Ⓐ—Adresse Marchés G

Le clam chowder est une soupe consistante de légumes et de coquillages aux lardons, que l'on peut faire avec des palourdes. Deux recettes émergent d'une multitude de variantes régionales : celui de Manhattan, à la tomate, et une version à la crème ou au lait, très populaire en Nouvelle-Angleterre.

Soupe de clams de Manhattan

INGRÉDIENTS

- 75 cl d'eau
- 2 kg de gros clams américains (ou de palourdes)
- 2 tranches de poitrine salée ou de bacon, en petits dés
- 1 oignon moyen haché
- 1 branche de céleri hachée
- ¼ poivron rouge, en petits dés
- 1 carotte, en petits dés
- 3 gousses d'ail finement hachées
- 2 feuilles de laurier
- 1 c. à s. d'origan
- 2 branches de thym frais
- 1 pincée de poivre de Cayenne
- 350 g de pommes de terre, en dés
- 12,5 cl de bouillon de volaille
- 400 g de tomates en dés (1 boîte)
- 1 petite poignée de feuilles de persil plat ciselé
- sel et poivre du moulin

Pour servir

- Crackers salés

LA RECETTE !

Faites bouillir l'eau dans un faitout. Jetez-y les clams, couvrez et laissez cuire 5 minutes. Retirez le couvercle, remuez avec une cuillère en bois et poursuivez la cuisson pendant 5 à 10 minutes, selon les coquillages choisis et leur taille, jusqu'à ce que tous soient ouverts.

Récupérez les clams à l'aide d'une écumoire et conservez le jus de cuisson. Filtrez-le. Laissez refroidir les clams, retirez les coquilles et coupez la chair en lamelles de 5 à 7 mm. Réservez-les séparément du bouillon.

Faites dorer les dés de bacon à feu moyen dans une casserole. Ajoutez l'oignon, le céleri, le poivron rouge et la carotte, mélangez bien, et faites suer ces légumes une dizaine de minutes à feu doux, jusqu'à ce qu'ils soient bien tendres. Ajoutez l'ail, le laurier, l'origan, le thym, le cayenne et laissez cuire encore 2 minutes.

Ajoutez les pommes de terre, le jus de cuisson des clams, le bouillon de volaille, et un peu d'eau si nécessaire. Portez à petite ébullition, puis baissez le feu, couvrez et faites cuire de 15 à 20 minutes, jusqu'à ce que les pommes de terre soient tendres. Ajoutez les tomates et laissez mijoter encore de 10 à 15 minutes.

Retirez du feu, ajoutez le persil et les clams, salez et poivrez. Laissez reposer au moins 1 heure et si possible davantage, pour que les saveurs se développent.

Réchauffez doucement, sans faire bouillir, et servez brûlant.

Comme il est de tradition, accompagnez de crackers salés.

Stand and deLIVER
Shake My Jugs

SMOOTHIES

(L)—Partout !

($) 0 5 10 15

SMOOTHIE

Quelques fruits ou légumes frais, un peu de lait et un blender suffisent à préparer cette boisson très populaire, proposée aussi bien dans les échoppes de rues que dans certains magasins ou restaurants new-yorkais. Faciles à décliner, les smoothies s'adaptent aisément à tous les goûts. J'aime commencer ma journée avec cette recette toute simple.

INGRÉDIENTS

- le jus fraîchement pressé d'1 orange, d'1 citron et d' ½ pamplemousse
- 1 banane mûre
- 1 tranche d'ananas frais, de mangue ou de papaye
- quelques fraises, framboises ou autres baies rouges de saison
- 1 c. à s. très pleine de yaourt maigre à la grecque

LA RECETTE !

Mixez tous les ingrédients au robot électrique jusqu'à obtenir une consistance mousseuse.

Pour une boisson très fraîche, ajoutez quelques glaçons et donnez encore quelques impulsions avant de servir.

*** À SAVOIR ***

Le principe du smoothie est connu depuis des siècles. Il en existe de toutes sortes autour de la Méditerranée, au Moyen-Orient, en Inde, comme en Amérique de l'Ouest et du Centre.

COLE SLAW

(L)—Partout !

($) 0 – 5 – 10 – 15

De son premier nom « kool slaa », cette recette de chou blanc est un héritage de l'époque coloniale hollandaise à New York. Depuis, le coleslaw a conservé son nom anglais et accompagne couramment sandwiches et hamburgers. On en trouve dans toutes les échoppes et les restaurants de grillades, les bars à salade, mais aussi dans tous les rayons d'alimentation, avec les plats tout prêts. Le coleslaw d'origine est assaisonné d'huile ou de beurre et de vinaigre.

*** À SAVOIR ***

La recette du coleslaw à la mayonnaise a été introduite aux États-Unis par les immigrés allemands du XIXe siècle. Elle connaît de nombreuses variantes. Certains ajoutent des carottes, du poivron vert et du céleri. D'autres, de l'ail, des anchois et du bacon.

Déclinez-le à l'asiatique avec de la coriandre, de l'ail, des cébettes, des crevettes séchées, du citron et de l'huile de sésame rôtie.

INGRÉDIENTS

- 12,5 cl de crème épaisse
- 1 c. à s. de sucre en poudre (facultatif)
- 1 c. à s. de vinaigre
- 2 c. à s. de beurre
- 1 petit chou blanc (environ 500 g) émincé
- sel, poivre blanc et paprika, selon le goût

LA RECETTE !

Mélangez la crème, le sucre et le vinaigre dans un bol. Laissez reposer.

Faites fondre le beurre dans une casserole. Ajoutez le chou, salez et poivrez. Couvrez et faites cuire 5 minutes à feu moyen, en remuant de temps en temps.

Égouttez le chou, mettez-le dans un saladier, versez la crème vinaigrée et remuez bien. Saupoudrez de paprika.

SALADE DE POMMES DE TERRE

★ ★

C'est l'un des plats les plus populaires à New York, comme dans le reste des États-Unis. On en trouve aussi bien dans les bars à salade, chez les traiteurs, dans les restaurants, les snacks afro-américains ou les grils. La salade de pommes de terre est également de tous les buffets et pique-niques.

INGRÉDIENTS

- 1 c. à s. de basilic finement ciselé
- 1 ½ c. à c. de marjolaine fraîche finement ciselée
- 1 ½ c. à c. de thym frais
- 1 ½ c. à c. de sarriette fraîche finement ciselée
- 4 c. à s. de mayonnaise
- ½ oignon rouge finement émincé
- 4 c. à s. de vinaigre de cidre
- environ 1 kg de pommes de terre cuites, coupées en cubes
- 2 œufs durs hachés en petits dés
- sel et poivre du moulin

LA RECETTE !

Mélangez la mayonnaise, le basilic, le thym, la marjolaine et la sarriette dans un bol. Couvrez et laissez reposer environ 2 heures au réfrigérateur.

Dans un autre bol, mélangez les oignons et le vinaigre. Laissez mariner 15 minutes, puis égouttez.

Réunissez les pommes de terre, les œufs, l'oignon, du sel et du poivre dans un saladier.

Ajoutez la mayonnaise aux herbes et remuez délicatement. Servez aussitôt ou réservez dans un endroit frais.

(L) Partout !

($) 0 5 10 15

À SAVOIR

On dénombre aujourd'hui plus de mille variétés de pommes de terre, dont 20 à 30 différentes rien qu'au grand marché de producteurs d'Union Square. Cette salade se prête à toutes les variantes, aussi délicieuse avec du persil frais, de l'aneth, des cubes de pomme que du saumon fumé, du bacon ou du céleri finement haché. Elle est encore plus attrayante avec des petites pommes de terre nouvelles, laissées dans leur peau !

INGRÉDIENTS

- 1 jambon entier de 3 à 3,5 kg
- 6 cl de jus d'ananas
- 60 g de sucre en poudre brun
- 60 g de miel
- 500 g de tranches d'ananas frais (ou en conserve)
- cerises au Marasquin
- clous de girofle

PINEAPPLE-FLAVORED HAM

JAMBON À L'ANANAS

Ⓛ Manhattan : Harlem

Ⓢ 0 5 10 15

Ⓐ Adresse n° 04

Le jambon est très traditionnel de la cuisine du Sud des États-Unis et sa viande demi-sel souvent associée à des ingrédients sucrés comme l'ananas, la mangue ou les pommes. Le jambon est de toutes les réceptions, repas familiaux ou pique-niques et à la carte de tous les restaurants afro-américains.

LA RECETTE !

Retirez la couenne du jambon. Posez-le sur une grille ou dans un plat à rôtir, la partie grasse au-dessus et recouvrez-le d'une feuille d'aluminium, sans serrer. Si vous utilisez un thermomètre électronique, piquez-le sans toucher l'os. Faites cuire de 25 à 30 minutes par livre, au four à 160°C (th.5-6), jusqu'à ce que la température de la viande atteigne 60°C.

Mélangez le jus d'ananas, le sucre et le miel dans une petite casserole à fond épais. Chauffez doucement en remuant pour faire fondre le sucre.

Retirez la feuille d'aluminium. Incisez la surface du jambon en losanges et badigeonnez-le de glaçage à l'ananas. Créez un motif avec les tranches d'ananas et les cerises, maintenues avec des piques en bois. Piquez le jambon de clous de girofle et badigeonnez-le à nouveau. Remettez 25 à 30 minutes au four, en arrosant du glaçage. Servez entier et découpez à table.

Vous pouvez servir en accompagnement des gombos à la tomate et des bananes plantains frites (recettes pages 95 et 164).

*** À SAVOIR ***

D'après les connaisseurs, le meilleur jambon cuit et fumé vient de Virginie. C'est au moment de Thanksgiving et de Noël qu'il s'en vend le plus aux Etats-Unis.

CHEESE-CAKE

INGRÉDIENTS

Pâte
- 1 gousse de vanille
- 130 g de farine
- 70 g de sucre en poudre
- 1 jaune d'œuf
- 8 c. à s. de beurre frais, en petits morceaux
- 1 pincée de sel

Garniture
- 1,25 kg de Philadelphia, à température ambiante
- 350 g de sucre en poudre
- 3 c. à s. de farine
- 1 ½ c. à c. de zeste de citron finement râpé
- 1 ½ c. à c. de zeste d'orange finement râpé
- ½ c. à c. d'extrait naturel de vanille
- 5 œufs
- + 2 jaunes d'œufs
- 4 c. à s. de crème épaisse

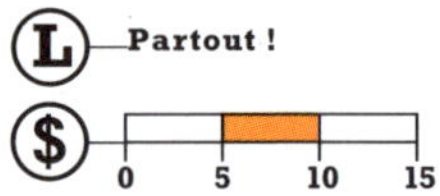

Le véritable cheesecake new-yorkais est moelleux et crémeux, consistant sans être trop ferme. C'est une variante améliorée de tartes au fromage plus sèches, introduites par les immigrés d'Europe de l'Est. Cette nouvelle recette s'est répandue au début du XXe siècle et reste toujours aussi populaire.

LA RECETTE !

LA PÂTE

Fendez la gousse de vanille en deux dans la longueur et grattez l'intérieur au-dessus d'un bol pour récupérer les graines. Ajoutez la farine, le sucre, le zeste de citron et mélangez bien au fouet. Incorporez le jaune d'œuf, le beurre et le sel, et pétrissez pour former une pâte souple.

Étalez-la sur une épaisseur de 3 ou 4 mm, enveloppez-la d'une feuille d'aluminium ou de papier sulfurisé et mettez-la 1 heure au réfrigérateur.

Préchauffez le four à 200°C (th.6-7).

Démontez un moule rond à bord amovible de 22 cm et beurrez le fond. Découpez un disque de pâte de même diamètre, posez-la dans le fond du moule et faites cuire de 10 à 12 minutes. Réservez le reste de pâte.

Laissez refroidir 10 minutes, puis mettez au moins 30 minutes au réfrigérateur.

Beurrez le tour du moule et fixez-le à nouveau sur le fond, en y laissant le disque cuit. Découpez une bande dans le reste de la pâte et tapissez-en les parois.

LA GARNITURE

Augmentez la température du four à 250°C (th.9) et préparez la garniture.

Battez le Philadelphia avec le sucre, la farine et les zestes, au robot ou au fouet électrique, jusqu'à l'obtention d'une consistance onctueuse, puis incorporez les œufs entiers et les jaunes, un à un, en fouettant après chaque ajout. Mélangez la crème.

Versez la préparation dans le moule, enfournez et faites cuire 12 minutes. Baissez ensuite la température du four à 90°C (th.3) et poursuivez la cuisson pendant encore 1 heure.

Sortez le cheesecake du four, posez-le sur une grille et laissez refroidir. Démoulez et mettez au moins 8 heures au réfrigérateur. Remettez à température ambiante environ 1 heure avant de servir.

VARIANTES

Le fond du cheesecake se fait aussi en génoise, ou avec des miettes de coookies ou de Graham Crackers, des biscuits sablés britanniques. On le recouvre souvent de fraises ou de tranches d'ananas. On peut encore ajouter du chocolat fondu à la pâte.

Le plus connu des cheesecakes du commerce vient du célèbre restaurant Junior's, ouvert en 1950 à Brooklyn. En 1974, le New York Magazine l'a élu meilleur de la ville. Aujourd'hui, Internet en propose dans tout le pays. On le trouve aussi à Times Square et dans les boutiques d'alimentation de la gare de Grand Central.

En 1910 à New York, il y avait tellement de fabriques de bagels, qu'une confrérie s'était constituée. La profession avait établi un « numerus clausus » : seuls les fils des artisans et leurs cousins y étaient admis et pouvaient y travailler.

Dans les années 1960, les bagels étaient faits à la main, jusqu'à ce qu'un pâtissier canadien, Dan Thomson, invente une machine qui façonne les anneaux avant de les cuire.

BAGELS

Ⓛ—Manhattan : Lower East Side

Ⓢ 0 5 10 15

Ⓐ—Adresse n° 21

INGRÉDIENTS

- 2 c. à s. de levure sèche
- 1 ½ c. à s. de sucre en poudre
- 20 cl d'eau
- 500 g de farine
- 1 ½ c. à c. de sel
- huile végétale

Bien que la recette date de centaines d'années, les bagels ont été introduits aux États-Unis au XIXe siècle par les immigrés d'Europe de l'Est.

Les premiers bagels new-yorkais étaient plus petits que le gros anneau vendu aujourd'hui.

La seule bonne adresse de New York pour acheter un vrai petit bagel frais, bouilli avant d'être passé au four, existe depuis 1914 : il s'agit de Russ & Daughters sur Houston Street, à Lower East Side.

LA RECETTE !

Mettez la levure et le sucre dans une tasse avec 10 cl d'eau. Laissez reposer 5 minutes, puis remuez pour les faire fondre. Mélangez la farine et le sel dans un grand bol. Faites une fontaine au centre et versez-y le contenu de la tasse.

Versez la moitié de l'eau restante dans le creux et malaxez pour former une pâte ferme, mais pas trop sèche. Ajoutez progressivement le reste de l'eau, 2 c. à s. à la fois, sans dépasser 20 cl. Pétrissez une dizaine de minutes jusqu'à ce que la pâte soit souple et élastique.

Huilez un grand bol, mettez-y la pâte et retournez-la pour bien l'en enrober. Couvrez avec un linge et laissez lever 1 heure dans un endroit tiède, jusqu'à ce que la pâte double de volume. Frappez-la avec le poing et laissez lever encore 10 minutes.

Partagez la pâte en 8 portions identiques, en la coupant au couteau. Formez 8 disques. Prenez-les l'un après l'autre et roulez-les à la main sur le plan de travail, d'un mouvement circulaire, en appuyant d'abord légèrement puis en relâchant la pression, pour façonner des boules régulières.

Farinez votre index et appuyez doucement au centre des petits pains pour les percer, l'un après l'autre. Agrandissez ces trous jusqu'au tiers du diamètre des boules de pâte. Rangez les anneaux obtenus sur une plaque à pâtisserie légèrement huilée, couvrez avec un torchon et laissez reposer 10 minutes.

Préchauffez le four à 220°C (th.7-8).

Faites bouillir une grande casserole d'eau. Baissez le feu et plongez-y les bagels. Attendez qu'ils remontent en surface et laissez-les cuire au moins 1 minute, mais pas plus de 2. Procédez par petites quantités pour maintenir l'ébullition. Égouttez-les et posez-les sur une plaque légèrement huilée. Si vous souhaitez les garnir, enduisez-les d'œuf battu, puis parsemez-les de fleur de sel, d'oignon ou d'ail haché, de graines de sésame ou de cumin.

Faites cuire 20 minutes, jusqu'à ce que les petits pains soient bien dorés. Mettez à refroidir sur une grille.

VARIANTES

Vous pouvez saupoudrer les bagels avec une garniture de votre choix : de l'ail, des oignons ou des graines de sésame. Les bagels sont souvent agrémentés de fromage frais, d'oignons grillés et de saumon fumé.

GRINDSTONE
BALTIC RY
CHALLAH
CHALLAH
RUSS & DAUGHTE

Dans une ville cosmopolite comme New York, il se consomme naturellement des quantités impressionnantes de riz chaque jour. Économique, le riz aux haricots est un élément essentiel de l'alimentation en Amérique latine, aux Caraïbes et dans le Sud des États-Unis.

RED BEANS AND RICE, LOUISIANA STYLE

(L) Manhattan : Harlem

($) 0 5 10 15

Riz aux haricots rouges de Louisiane

À SAVOIR

Avec le blé, le maïs et la pomme de terre, le riz est l'un des féculents les plus consommés au monde. Aux États-Unis, sa culture remonte au XVIIe siècle. Aujourd'hui 7 États en produisent : l'Arkansas, la Californie, le Texas, la Louisiane, le Missisipi, le Missouri et la Floride.

INGRÉDIENTS

- 500 g de petits haricots rouges secs, rincés
- 1,5 l d'eau
- 1 jarret de porc fumé
- 1 gros oignon haché
- 2 gousses d'ail émincées
- 250 g de bœuf haché
- 2 c. à s. de feuilles de persil plat ciselées
- ½ c. à c. de piment rouge
- sel
- 3 feuilles de laurier
- 500 g de riz longs grains, cuit
- pluches de persil pour servir

LA RECETTE !

Rincez les haricots et faites-les tremper de 8 à 10 heures dans un récipient d'eau froide. Égouttez-les et rincez-les à nouveau. Mettez-les dans une casserole avec 1,5 litre d'eau, le jarret, l'oignon et l'ail. Portez à légère ébullition et laissez cuire 10 minutes.

Pendant ce temps, faites revenir le bœuf à la poêle. Supprimez le gras rendu. Ajoutez la viande, le persil, le poivron et le laurier aux haricots. Salez, poivrez et faites mijoter de 2 heures à 2 heures 30, à petits frémissements.

Retirez le jarret et le laurier, puis laissez refroidir. Supprimez toutes les parties grasses, détachez la viande de l'os et coupez-la en petits morceaux. Mélangez-les aux haricots.

Servez sur un plat de riz cuit, en parsemant de persil.

Manhattan : Midtown

$ 0 5 10 15

GRILLED CHEESE SANDWICH SANDWICH AU FROMAGE GRILLÉ

En Amérique, avril est le Mois National du Sandwich au Fromage Grillé, ce qui témoigne de sa popularité. Traditionnellement, il ne s'agit que de quelques tranches de fromage fondu glissées dans du pain blanc industriel, le tout accompagné d'une canette de soupe de tomate. Mais, depuis longtemps, cette image insipide est dépassée. Aujourd'hui tout chef qui se respecte décline ce sandwich à sa manière et dans des villes comme New York, Los Angeles ou Portland, les food trucks gourmets proposent chacun le leur.

INGRÉDIENTS

- 4 c. à s. de beurre en pommade
- 8 tranches de bon pain blanc (ciabatta, fougasse)
- 300 g de cheddar ou de gruyère en fines tranches

LA RECETTE !

Beurrez 4 tranches de pain, sur une face.

Faites fondre 1 cuillère à soupe de beurre dans une poêle épaisse. Posez les tranches de pain sur leur côté beurré, recouvrez de fromage et faites cuire environ 5 minutes à feu moyen, sans appuyer.

Placez les autres tranches de pain sur le fromage, côté beurré vers le haut et retournez délicatement le sandwich à l'aide d'une spatule. Faites cuire encore 3 ou 4 minutes, à feu plus doux, pour que le fromage fonde bien, sans que le pain noircisse.

On peut aussi utiliser un gril double, comme une presse à panini, ou faire fondre le fromage sous le gril du four, avant de refermer le sandwich, ou encore remplacer le beurre par de l'huile d'olive.

Tous les fromages qui conservent leur moelleux en fondant s'y prêtent bien, de la mozzarella au brie. Les amateurs ajoutent du bacon fumé ou du jambon.

Les gars et les filles du Milk truck à New York beurrent généreusement les deux côtés du pain avant de chauffer les sandwiches dans une presse à panini.

Ceux du Food Freaks truck les enduisent de mayonnaise : celle-ci cuisant moins vite que le beurre, le sandwich est plus croustillant et le fromage fond mieux.

N.Y. STANDARD HOT DOG

HOT DOGS

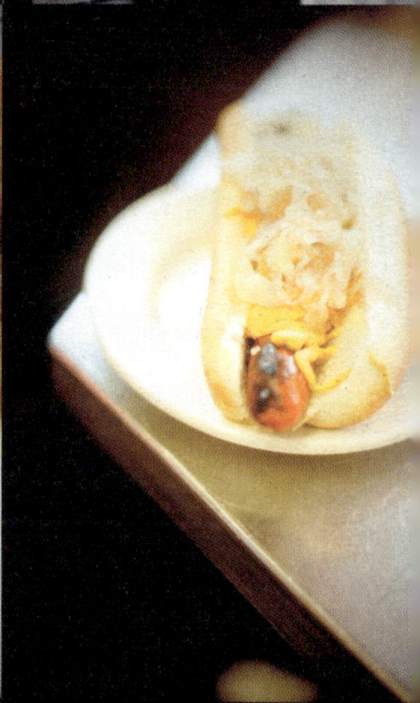

HOT DOG

ONION SAUCE

Hot dogs à la fondue d'oignons

Depuis plus d'un siècle et demi, le hot dog est associé à New York. Initialement, il n'était garni que de moutarde et de choucroute. Plus tard, sans que l'on sache exactement quand, on y a ajouté une sauce tomate aux oignons, que chaque vendeur préparait à sa manière. Aujourd'hui, tous les supermarchés en proposent plusieurs versions. Fort heureusement, les nouveaux food trucks font perdurer la tradition des sauces maison, qui donnent de bien meilleurs hot dogs.
Je vous livre une version allégée de la recette personnelle d'Arthur Schwartz, grand spécialiste de la street food new-yorkaise.

INGRÉDIENTS

- 1 c. à s. d'huile d'olive
- 3 gros oignons doux (environ1 kg), taillés en cubes de 5 mm, ou finement émincés
- 150 g de sauce pimentée toute prête
- 35 cl de jus de tomate frais ou stérilisé
- ½ c. à c . de paprika
- ¼ c . à c. d'origan séché
- sel
- 1/8 c. à c. de Tabasco (ou selon le goût), ou du piment fort en flocons

LA RECETTE !

Dans une casserole à fond épais, faites revenir les oignons 10 à 15 minutes à feu moyen avec l'huile, en remuant souvent.

Quand ils sont tendres mais encore translucides, ajoutez les autres ingrédients et mélangez bien. Faites suer environ 30 minutes, en couvrant partiellement.

Salez et pimentez à votre goût. Si vous utilisez du piment en paillettes, laissez mijoter encore quelques minutes.

Le hot dog a été lancé aux alentours de 1870, à Coney Island, dans Brooklyn, par un immigré allemand entreprenant, Charles Feltman. Dans les années 20, il s'en vendait des millions chaque année dans une immense brasserie, « Ocean Pavilion », que Feltman avait construite sur la plage. En 1916, un de ses employés, Nathan Handwerker, décide de monter sa propre entreprise. Feltman fait faillite en 1946, mais l'affaire de Nathan prospère et chaque été, il est assailli par des centaines de milliers d'inconditionnels. De nombreuses boutiques vendent alors ses hot dogs, qui sont aussi distribués en supermarché. Depuis les années 30, le Papaya King propose un accord exclusivement new-yorkais et sert ses hot dogs avec un verre de jus de papaye glacé.

L — Partout !

$ 0 5 10 15

Les food trucks, le chic démocratique

La grande popularité des food trucks est toute récente, puisqu'elle date de la fin des années 2000, à New York et dans quelques autres grandes villes. Cet engouement est certainement dû en partie à la crise : le food truck est une solution peu onéreuse pour déjeuner sur son lieu de travail quand la crise contraint aux économies. Du côté des commerçants, bien des aspirants restaurateurs ont dû revoir leurs ambitions à la baisse. Les banques refusant beaucoup de prêts, il a souvent fallu abandonner l'idée de monter un restaurant « classique », alors qu'avec un minimum de cash et l'aide de la famille, on pouvait toujours acheter un camion d'occasion et le reconvertir en cuisine roulante.

Les Américains sont toujours en mouvement, les New-Yorkais encore plus. Prendre un en-cas sur le pouce en guise de repas est très courant, depuis longtemps. Mais les New-Yorkais d'aujourd'hui, s'ils veulent toujours manger vite, recherchent aussi des plats de qualité bien cuisinés. Une cuisine à la fois chic et démocratique, comme l'a très bien qualifiée le magazine Food & Wine.

Si les food trucks font partie du paysage new-yorkais depuis longtemps, les food trucks gourmets sont apparus dans les années 90, avec le pic d'immigration en provenance d'Amérique latine. Les immigrants hispaniques passaient presque tous par la Californie et surtout par Los Angeles. Les plus entreprenants ouvrirent des camions de tacos près des chantiers et des usines pour proposer aux travailleurs immigrés une nourriture à petit prix, qui leur rappellerait le pays. Les files d'attente qui s'allongeaient devant les camions témoignaient de l'excellent bouche à oreille dont bénéficiait leur cuisine fraîche, savoureuse et bon marché. Les camions de tacos ont très vite fait partie du paysage américain et une génération de jeunes entrepreneurs s'est inspirée de cette réussite pour développer des marchés de niche similaires.

Dans des villes comme Los Angeles, San Francisco, Portland, Austin, Seattle, Saint Louis, Tampa, Washington, New York, les food trucks de cuisines ethniques ou fusion sont nombreux. Les réglementations ne sont pas les mêmes : Chicago est ainsi jugée comme la ville la moins favorable aux camions, tandis que la métropole métissée qu'est New York en héberge un maximum.

Aujourd'hui, les food trucks new-yorkais font vraiment partie du paysage urbain. Ils se sont tellement bien intégrés que de plus en plus d'entreprises les réservent pour leurs réceptions. Deux émissions de télévision les mettent en vedette : The Great Food Trucks Race, sur Food Network et Eat Street, sur The Cooking Channel.

Le très populaire guide Zagat a de son côté mis en place en 2010 un site web consacré aux food trucks. Sur foodtrucks.zagat.com, on peut localiser les food trucks, et connaître les avis des clients. Quelques organismes proposent des visites et des dégustations commentées des food trucks new-yorkais : New York Street Food Walking Tour (Tours@newyorkstreetfood.com), Urban Oyster Food Cart Tour (urbanoyster.com), New York Food Truck & Cart Walking Tour (info@sidewalkofny).

NO STANDING
7AM - 7PM

PIZZA
ONE WAY

ATIN FUSION ON THE GO

BUFFALO CHICKEN
PULLED PORK
CRAB CAKE
MEATBALL
SLIDE

CUSTOM BLENDED FROZEN YOGU
MIX-IN BAR

feels good inside

阿婆的
Pot Sticker
Taiwanese Special
Hong Kongese Experience
Korean Kimchi

RICKSHAW

taim mobile
falafel & smoothie truck
www.taimmobile.com

LE RÉCIT DE TOM

De l'autre côté de la rue, le food truck de Viviana, le Palenque Home Made Colombian Food sort ses menus. Il y a des **arepas**, bien sûr, ces crêpes de maïs garnies de viande, de légumes ou de crevettes. Viviana s'illumine quand je lui dis avoir visité Cartagena et Santa Marta, où j'ai goûté le plat national colombien. Viviana est fière de ses arepas qu'elle garnit de mille manières, en y ajoutant parfois des graines de sésame ou de quinoa. Tout en me parlant de son premier métier, styliste dans une maison de haute couture à Bogota, elle me fait goûter un **cocota**, une friandise composée de sucre de canne, de gingembre et de pulpe de coco. Très sucré mais très bon...

Sur la 47e rue, on trouve aussi habituellement les food trucks Chinese Mirch (chinois) et Okadaman (japonais). La spécialité du premier sont les **momos**, des raviolis tibétains, celle du second les **okonomiyaki**, les crêpes d'Osaka. Jan Albert, un des directeurs de la célèbre boulangerie Tom Cat, a découvert l'okonomiyaki lors d'un voyage à Osaka. Le plat l'a tellement emballé qu'il a immédiatement décidé de lui consacrer un food truck, d'autant qu'on n'avait jamais vendu d'okonomiyaki à New York. Tous les ingrédients du food truck Okadaman sont importés du Japon, et l'affaire marche très bien. L'okonomiyaki est aujourd'hui très tendance dans les rues de New York.

Encore ébloui par les délices du déjeuner et heureux des rencontres avec l'adorable Viviana et le dynamique Jan, je me dirige vers le restaurant Mà Pêche pour une conférence sur la cuisine de rue new-yorkaise. À l'angle de Park Avenue et de la 53e rue, devant le stand du King of Falafel, vingt personnes font la queue. Je me mets dans la file pour goûter les **falafels à la sauce tahin**, la crème de sésame orientale, ce qu'il y a de mieux pour calmer les fringales. Freddy Zeideia, le patron, a commencé avec un comptoir à Astoria, dans le Queens, avant d'ouvrir son stand de la 53e rue, aujourd'hui l'un des plus fréquentés de Manhattan. Ses falafels et sa pita sont régulièrement cités parmi les meilleurs de New York.

Quand je suis arrivé au restaurant Mà Pêche, la conférence venait de commencer. Nous avons eu droit à un exposé historique solidement documenté de la street food new-yorkaise, puis de ses perspectives d'avenir. Jadis, parmi les mets les plus populaires on trouvait aussi bien... les huîtres, que les épis de maïs grillés, les **knishes**, petits pâtés de pommes de terre de la cuisine juive, ou encore les légumes au vinaigre que sont les pickles.

Robert Lavalave est là : j'ai eu plaisir à rencontrer le créateur du marché de la Nouvelle-Amsterdam, une initiative exceptionnelle. Tous les dimanches, des producteurs de qualité déploient leurs étals sur le site du légendaire marché aux poissons de

Fulton, là où fut fondée New York, à l'époque La Nouvelle-Amsterdam. Le lieu est unique, avec une vue magnifique sur le pont de Brooklyn. A Mà Pêche, j'ai aussi rencontré Jamie Felmar, une journaliste spécialisée qui partait en reportage pour la Thaïlande. J'ai pu lui donner quelques conseils de voyage et, en retour, elle m'a mis en relation avec Jeff Ollick, le meilleur connaisseur de la cuisine de rue de toute la métropole. Exactement l'homme qu'il me fallait pour ce séjour.

Au bout de deux jours à New York, je suis sûr d'une chose : ma passion pour la street food ne me quittera jamais. Je commence à vaguement imaginer un nouveau livre sur le sujet. De retour à Williamsburg, je ne prends pas le temps d'enlever ma veste pour envoyer un mail à Jacqueline Goossens, une journaliste belge qui vit à New York depuis 1980. Si quelqu'un peut m'aider à concrétiser mes idées pour le livre que j'imagine, c'est elle. On se voit le lendemain à la terrasse d'un bar de Manhattan. Jacqueline est tellement enthousiaste qu'elle a déjà prévu un rendez-vous avec Sean Basinski, un ancien vendeur ambulant devenu avocat. Sean a fondé le Street Vendor Project, une organisation qui défend les droits des vendeurs de rue et décerne chaque année les Vendy Awards aux meilleurs. Il a les mots pour nous parler de ces milliers d'hommes et de femmes, légaux ou illégaux, qui parviennent à joindre les deux bouts en mettant le meilleur d'eux-mêmes dans leur cuisine. La ville ne leur facilite pas la vie : une licence est dure à obtenir et les amendes sont très élevées. J'ai remercié Jacqueline et Sean d'avoir partagé un moment leur passion avec moi, en pensant que Sean allait répandre la nouvelle : un livre à paraître sur les vendeurs de rue à New York, c'est une reconnaissance pour leur métier.

Je consacre les jours qui me restent à New York à parcourir les rues de la ville. Les cyclistes circulent ici en fixies, les vélos ultralégers à pignon fixe des coursiers new-yorkais , qui commencent juste à apparaître à Gand, J'en loue un dans une boutique de Manhattan. Le métro est pratique et rapide, mais on voit mieux la ville en surface. Equipé d'un casque et d'un antivol plus lourd que le vélo, me voilà prêt à poursuivre ma balade à New York pour trouver encore d'autres vendeurs de rue.

Un dimanche, à Williamsburg, je tombe par hasard sur le marché Smorgasburg, le long de l'East River. Une quarantaine de parasols et de chapiteaux donnent un air de fête au parking où s'est installé ce marché. L'ambiance est conviviale et décontractée, les clients en majorité des jeunes, et tout le monde se connaît. Ici, tous les pays sont représentés, de l'Amérique latine au Japon, en passant par l'Inde. On peut déjeuner d'huîtres, de beignets, de grillades, de fish and chips et de bien d'autres choses encore.

Une échoppe propose des bruschettas d'**aubergines à la parmesane**, une recette que je connais bien pour la faire souvent à mes amis les soirs d'été. Quelques couches de lamelles d'aubergine, de la sauce tomate, du parmesan et des feuilles de basilic : c'est simple et c'est bon, à l'image de la cuisine italienne fondée sur la qualité des produits. Spontanément, le cuisinier m'explique comment faire une vraie **sauce tomate**. Autre découverte ce jour-là, le **pupusa** du Salvador, une tortilla farcie de fromage et de fleurs de Loroco, qui rappellent un peu le chou-fleur.

Je roule maintenant le long de l'East River en direction d'Astoria, m'arrêtant de temps en temps pour admirer les graffitis géants sur les murs. Derrière le pont de Queensboro, des enfants jouent au base-ball dans le parc éponyme. Après une visite au musée Noguchi, du nom du célèbre sculpteur americano-japonais, je passe sur le pont de Queensboro, direction Manhattan. En quelques coups de pédale, je traverse Central Park vers Upper West Side, me laisse glisser le long de la 9e avenue vers le restaurant mexicain Hell's Kitchen.

→ suite p. 100

AREPA

Ⓛ—Manhattan : Midtown

Ⓢ 0 5 10 15

Ⓐ—Adresse n° 13

TORTILLAS COLOMBIENNES

Il faut avoir vu Viviana servir les arepas avec amour dans son sympathique food truck « Palenque », à Manhattan !

INGRÉDIENTS

Boeuf
- 250 g de bœuf en petites lamelles
- 2 gousses d'ail émincées
- 1 oignon haché
- 1 tige de ciboule émincée
- ¼ c. à c. de cumin
- 6 cl de bière
- ¼ c. à c. de sel
- ¼ c. à c. de poivre
- 2 c. à s. d'huile végétale

Tortillas
- 500 g de farine de maïs
- 1 c. à c. de sel
- 60 cl d'eau chaude
- 2 c. à s. de beurre
- huile végétale

Garniture
- lamelles de bœuf cuites
- 250 g de cotija (fromage mexicain) ou de feta émiettée
- sauce tomate
- 1 poignée de roquette

Sauce tomate
- 2 c. à s. d'huile végétale
- 1 oignon haché
- 1 petit piment Japaleno
- 500 g de tomates, en dés, sans les graines
- 2 gousses d'ail écrasées
- 1 petite poignée de feuilles de coriandre ciselées
- 2 c. à s. d'huile d'olive
- ¼ c. à c. de sel
- ¼ c. à c. de poivre
- le jus d' ½ citron vert
- huile d'olive

LA RECETTE !

Préparez d'abord le bœuf : mélangez bien la viande avec le cumin, la ciboule, l'ail, l'oignon, la bière, le sel et le poivre et laissez mariner 3 heures.

Faites la pâte des galettes : tamisez la farine dans un bol, mélangez le sel, puis pétrissez avec l'eau et le beurre. Couvrez et laissez reposer 30 minutes à température ambiante.

Formez une vingtaine de petites boules de pâte. Étalez-les au rouleau en disques d'environ 10 cm de diamètre et 1 cm d'épaisseur.

Faites frire ces galettes avec un peu d'huile, dans une poêle à fond épais, 5 minutes environ de chaque côté, jusqu'à ce qu'elles soient légèrement dorées.

Pour la sauce tomate, faites fondre les oignons à feu doux avec 2 cuillères à soupe d'huile. Quand ils sont tendres et translucides, mélangez rapidement le piment, ajoutez les tomates et faites cuire quelques minutes à feu moyen. Ajoutez l'ail et la coriandre, puis laissez mijoter environ 1 heure, très doucement. Salez et poivrez. Arrosez du jus de citron vert et de l'huile d'olive.

Égouttez et épongez les lamelles de bœuf. Faites-les revenir quelques minutes avec 2 cuillères à soupe d'huile, pour les cuire juste à cœur.

Garnissez les tortillas : étalez 2 cuillères à soupe de viande sur chacune, parsemez 1 cuillère à soupe de fromage, puis nappez d'1 cuillère à soupe de sauce tomate.

Les arepas sont très proches des gorditas mexicaines ou des pupusas du Salvador (voir page 84). Elles constituent également un élément essentiel de l'alimentation à Porto Rico, en République Dominicaine et au Venezuela, où on les fait plus épaisses qu'en Colombie.

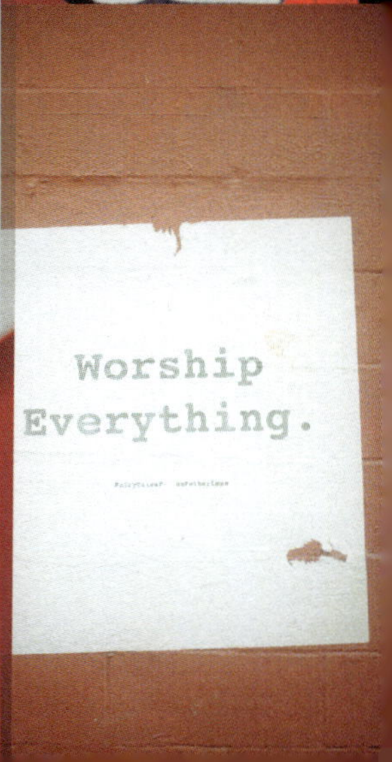

COCOTAS

Confiseries colombiennes à la noix de coco

(L) Manhattan : Midtown

($) 0 5 10 15

(A) Adresse n° 13

Ces bouchées sucrées ressemblent à des petites pelotes de laine.

INGRÉDIENTS

- 45 cl d'eau
- 500 g de sucre de canne
- le zeste d'1 citron vert
- 1 c. à s. de gingembre frais râpé
- 1 c. à s. de cannelle en poudre
- 800 g de noix de coco râpée

*** À SAVOIR ***

Chaque région a sa recette de cocotas. Elles peuvent varier sensiblement.

LA RECETTE !

Dans une casserole, réunissez l'eau, le sucre de canne, le zeste de citron vert, le gingembre et la cannelle. Chauffez jusqu'à ce que le sucre soit complètement dissous, puis laissez cuire pour que le mélange se transforme en caramel blond.

Ajoutez la noix de coco râpée par petites quantités, en la mélangeant au fur et à mesure au caramel. Retirez du feu. En travaillant rapidement, prélevez la préparation à la cuillère, formez des petites boules et rangez-les sur du papier siliconé.

RAVIOLIS TIBÉTAINS

(Momos)

J'ai goûté ces raviolis pour la première fois à Pushkar, au Radjastan. Dans le Nord de l'Inde et au Népal les vendeurs ambulants en proposent couramment. À New York, j'en ai mangé sur Park Avenue, où les food trucks sont nombreux à l'heure du déjeuner..

INGRÉDIENTS

- 500 g de chou chinois, finement émincé
- 500 g de tofu pressé
- 100 g de champignons shitakés séchés
- 2 oignons finement hachés
- 5 cm de gingembre frais râpé
- 2 gousses d'ail finement hachées
- 1 poignée de feuilles de coriandre finement ciselées
- ½ c. à c. de poivre blanc
- 2 c. à s. de sauce soja
- sel

Raviolis

- 50 carrés de pâte à wontons
- sauce piquante
- sel

LA RECETTE !

Saupoudrez le chou du sel et laissez-le dégorger 15 minutes. Rincez-le abondamment, puis pressez-le fortement pour éliminer le maximum d'eau.

Faites tremper les shitakés pendant 20 minutes. Égouttez-les, supprimez la partie dure du pied, puis hachez-les finement.

Mélangez bien tous les ingrédients dans un bol, couvrez et mettez 30 minutes au réfrigérateur.

Étalez un carré de pâte, mettez une cuillerée de farce au centre et repliez la pâte dessus. Mouillez légèrement les bords et soudez-les pour former des raviolis. Répétez l'opération jusqu'à épuisement des ingrédients.

Rangez les raviolis dans le panier d'un cuit vapeur et faites-les cuire 15 minutes.

Servez avec de la sauce piquante.

*** À SAVOIR ***

En Chine, ces raviolis s'appellent Jiaozi et au Japon, Gyoza. Le plus souvent, ces derniers sont frits avant d'être cuits à la vapeur. Parfois, les jiaozi le sont aussi.

(L) Manhattan : Midtown

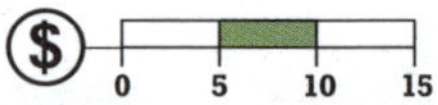

ch(nese m
DUMPLINGS & MORE
ARTFULLY PREPARED
• Fresh food, made from scratch
• Free of MSG
• Prepared with vegetable base
• Using halal chicken

ch(nese mirch
ANDAZ
EXCEPT SUNDAY
Pay.at
Muni-Meter

CAN'T WAIT TO GET
Mirch'd?
Tibetan Mo
Start Here:
5 handrolled, pan fried
served with your choice
sweet dipping sa
Vegetable:
The vegan choice - carrot, potato, cabbage minced with our sec
Chicken:
Infused with chopped ginger and cilantro
Keema:
Traditional Indian minced lamb & peas stir fry
Spinach:
With an equal dose of delicious white cheese
WHY NOT MAKE IT A:
Rice Bowl
Manchurian sauce or Garlic sauce
Served with momos, choice of long grain
basmati or brown rice & vegetables
$9/$10
Thukpa
Hearty and hea
momos & noodle
$9/$10
Sliders
3 traditional baos with protein
filling & sauce of the month
$8
Dessert
Thi
Mang
Our signature yo
billions of prob

OKONOMIYAKI

CRÊPES D'OSAKA

INGRÉDIENTS

- 300 g de chou chinois, finement émincé
- 1 c. à c. de sel
- 100 g de farine pour okonomiyaki
- 25 cl de dashi
- 1 c. à s. de miso blanc
- 1 c. à s. de mirin
- 2 gros œufs légèrement battus
- 3 ciboules finement hachées
- 8 champignons shitakés
- 4 fines tranches de poitrine fumée ou 150 g de fruits de mer
- 1 c. à s. d'huile végétale

Sauce
- 3 c. à s. de ketchup
- 2 c. à s. de sauce soja japonaise
- 1 c. à s. de saké
- 1 c. à s. de mirin
- 1 c. à s. de sucre brun
- 2 c. à s. de vinaigre de riz
- 1 c. à c. de gingembre frais râpé
- 1 gousse d'ail écrasée
- ¼ c. à c. de moutarde japonaise
- 2 c. à s. d'eau

Garniture
- Mayonnaise japonaise
- Ao-nori (algues) en paillettes
- Copeaux de bonite séchée (katsuobushi)

Ⓛ—Manhattan : Midtown

Ⓢ—0 5 10 15

Ⓐ—Adresse n° 18

Un petit nom charmant pour des crêpes ! Merci à Jamie Feldman qui me les a fait découvrir à New York.

LA RECETTE !

Coupez les feuilles de chou en petites lanières et saupoudrez-les du sel. Laissez dégorger 10 minutes, puis rincez-les à l'eau courante et pressez-les pour éliminer le maximum de liquide.

Réunissez tous les ingrédients de la sauce dans une casserole et amenez à ébullition à feu doux. Laissez épaissir une dizaine de minutes et réservez.

Dans un bol, mélangez la pâte de miso, le mirin et le dashi jusqu'à l'obtention d'une crème onctueuse. Tamisez la farine dans un second bol, creusez le centre et versez-y les œufs et le mélange précédent. Mélangez bien, puis ajoutez la ciboule, le chou, les shitakés, le lard (ou les fruits de mer) et remuez à nouveau. Salez et poivrez.

Chauffez une poêle à feu moyen, huilez-la, puis versez le quart de la pâte et faites cuire environ 5 minutes à feu doux. Posez une assiette sur la poêle, maintenez-la à la main et retournez l'ensemble. Glissez à nouveau la crêpe dans la poêle et faites cuire l'autre côté pendant encore 5 minutes.

Servez sur une assiette. Arrosez la crêpe de sauce, puis garnissez de mayonnaise, de copeaux de bonite et de paillettes d'ao-nori.

*** À SAVOIR ***

La farine à okonomiyaki est extraite de l'igname chinois ou de la racine de taro, un tubercule riche en amidon. Si vous n'en trouvez pas, remplacez-la par 1/5 de fécule de pomme de terre et 4/5 de farine de blé, additionnée d'1/4 de cuillerée à café de levure chimique.

INGRÉDIENTS

- 200 g de pois chiches secs, trempés une nuit dans l'eau froide (ou au moins 8 heures)
- 1 oignon finement haché
- 1 gousse d'ail finement hachée
- 1 poignée de feuilles de persil plat finement ciselées
- 1 poignée de feuilles de coriandre finement ciselées
- 1 c. à c. de coriandre en poudre
- 1 c. à c. de cumin en poudre
- ½ c. à c. de curcuma
- 2 c. à s. de farine
- sel et poivre du moulin huile de friture

Sauce tahin

- 5 c. à s. de tahin (crème de sésame)
- 8 cl d'eau
- 1 citron
- ½ c. à s. de sel

Pour servir

- Pain pita
- Laitue ciselée
- Tomate en dés
- Cornichons
- Oignons émincés

L — Manhattan : Midtow

$ — 0 5 10 15

A — Adresse n° 16

FALAFELS ET SAUCE TAHIN

Les falafels sont d'origine libanaise. On peut remplacer les pois chiches par des petits pois, ou associer les deux.

Un chauffeur de taxi égyptien nous a détaillé précisément cette recette pendant le trajet vers l'aéroport.

LA RECETTE !

Égouttez les pois chiches. Mixez-les en purée fine au robot électrique. Ajoutez l'oignon, l'ail, le persil, la coriandre, les épices en poudre et la farine. Salez et poivrez.

Façonnez des petites boules d'environ 2,5 cm de diamètre et allongez-les un peu. Plongez-les dans l'huile bouillante jusqu'à ce qu'elles soient bien dorées.

Pour faire la sauce, mélangez le tahin, l'eau et le jus de citron dans un bol. Salez.

Servez les falafels accompagnés de sauce, avec de la pita, de la laitue, de la tomate, des cornichons et de l'oignon.

PASSENGER
CARS ONLY
East 51st St
ONE WAY

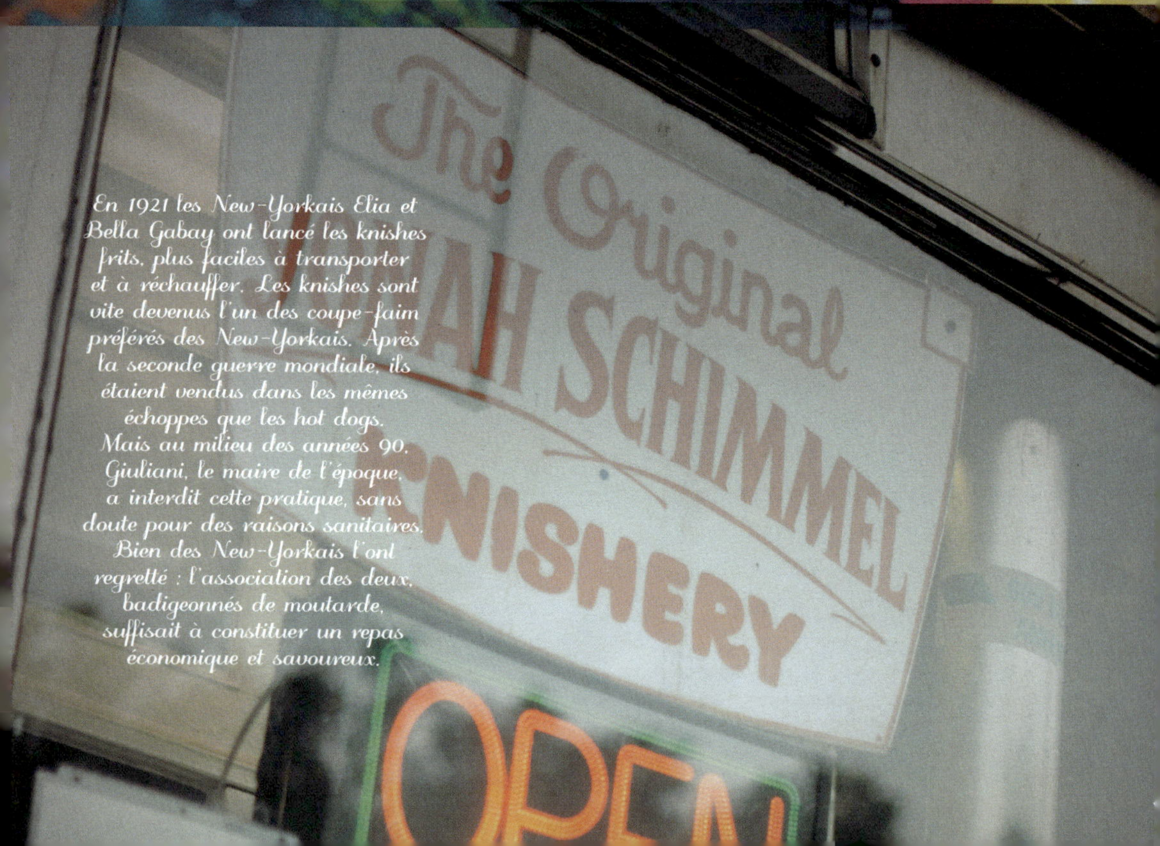

En 1921 les New-Yorkais Elia et Bella Gabay ont lancé les knishes frits, plus faciles à transporter et à réchauffer. Les knishes sont vite devenus l'un des coupe-faim préférés des New-Yorkais. Après la seconde guerre mondiale, ils étaient vendus dans les mêmes échoppes que les hot dogs. Mais au milieu des années 90, Giuliani, le maire de l'époque, a interdit cette pratique, sans doute pour des raisons sanitaires. Bien des New-Yorkais l'ont regretté : l'association des deux, badigeonnés de moutarde, suffisait à constituer un repas économique et savoureux.

KNISHES

(L) Manhattan : Lower East Side

($) 0 – 5 – 10 – 15

(A) Adresse n° 22

Voici une recette introduite au XIXe siècle à New York par les immigrés d'Europe de l'Est. Les knishes, sortes de petits pâtés de toutes formes, cuits au four, étaient à l'origine garnis de pomme de terre et de sarrasin. Aujourd'hui, on associe à la pomme de terre des légumes comme les épinards et les brocolis.

INGRÉDIENTS

Farce

- 1,25 kg de pommes de terre Bintje
- 2 c. à c. de sel
- 1 pincée de poivre du moulin
- 4 c. à s. de graisse d'oie ou d'huile végétale
- 1 gros oignon haché

Pâte

- 6 cl d'eau chaude
- 1 œuf
- 1 c. à c. de sel
- ¼ c. à c. de poivre du moulin
- 200 g de farine
- 1 c. à c. de levure chimique

Dorure

- 1 œuf battu avec 2 c. à s. d'eau

LA RECETTE !

LA FARCE

Épluchez les pommes de terre et coupez-les en morceaux. Mettez-les dans une casserole, recouvrez-les d'eau froide et amenez à ébullition. Egouttez-les aussitôt.

Écrasez les pommes de terre en purée fine, à l'aide d'un presse-purée ou d'un moulin à légumes, mais en évitant le robot. Assaisonnez du poivre et d'une cuillerée et demie de sel.

Faites chauffer l'huile ou la graisse dans une poêle. Ajoutez l'oignon avant qu'elle ne fume et faites-le revenir en remuant souvent, jusqu'à ce qu'il soit tendre et bien doré. Saupoudrez du reste du sel.

Mélangez l'oignon à la purée de pommes de terre. Goûtez et rectifiez l'assaisonnement en sel et en poivre. Couvrez et mettez au réfrigérateur jusqu'à ce que le mélange soit bien froid.

LA PÂTE

Mettez l'eau, l'œuf, le sel et le poivre dans le bol d'un robot et donnez quelques impulsions. Ajoutez la farine et la levure et mixez à nouveau pour former une pâte souple.

Posez la pâte sur une surface légèrement farinée et ramassez-la en boule. Pétrissez-la rapidement, pendant environ 1 minute. Enveloppez-la de film alimentaire et laissez-la reposer 1 heure à température ambiante.

LES KNISHES

Préchauffez le four à 200°C (th.6-7).

Partagez la pâte en deux. Étalez chaque morceau au rouleau en un rectangle d'environ 45 cm de long et 20 cm de large. Placez le plus long côté devant vous.

Prenez la moitié de la farce de pomme de terre à la main et façonnez un boudin d'environ 5 cm de diamètre et 45 cm de long. Posez-le sur l'un des rectangles de pâte, sur sa ligne médiane.

Rabattez la moitié de la pâte sur la farce, enduisez le bord d'œuf battu, puis repliez l'autre côté dessus.

Placez ce rouleau sur une plaque légèrement huilée, la jonction dessous, puis répétez l'opération. Posez le second rouleau à côté du premier.

Découpez les rouleaux en tranches de 5 cm d'épaisseur, sans glisser la lame jusqu'à la plaque, pour ne pas les séparer complètement. Elles se détacheront spontanément après cuisson.

Dorez la surface à l'œuf battu et faites cuire environ 45 minutes, jusqu'à ce que la pâte soit dorée.

BRUSCHETTA MELANZANE ALLA PARMIGIANA

Tartine grillée d'aubergine au parmesan

À déguster froid, par une douce soirée estivale.

INGRÉDIENTS

- 1 kg d'aubergines
- 1 c. à s. de sel
- huile de friture
- 1 kg de tomates (ou de passata italienne)
- 2 gousses d'ail aplaties à la main
- 175 g de parmesan râpé
- 1 poignée de feuilles de basilic
- ciabatta en tranches épaisses (environ 2,5 cm), passées au four pour être croustillantes

LA RECETTE !

Lavez les aubergines et coupez-les en tranches. Disposez-les dans une passoire, saupoudrez-les de sel et laissez-les dégorger 1 heure. Rincez-les à l'eau courante, puis épongez-les dans du papier absorbant.

Faites frire les tranches d'aubergine dans l'huile chaude jusqu'à ce qu'elles soient légèrement dorées. Empilez-les sur un plat, en alternant les couches avec du papier absorbant pour absorber l'huile.

Pour la sauce tomate, faites mijoter les tomates à feu très doux avec l'ail, du sel et du poivre. Quand la consistance est suffisamment épaisse, retirez l'ail.

Étalez une couche de tranches d'aubergine dans un plat, recouvrez de sauce tomate, puis d'une fine épaisseur de parmesan. Parsemez de feuilles de basilic et répétez l'opération. Mettez au réfrigérateur.

Découpez en rectangles d'environ 5 x 10 cm et servez sur des tranches de ciabatta croustillante.

(L) — Brooklyn : Smorgasburg

($) 0 5 10 15

(A) — Adresse Marchés H

INGRÉDIENTS

- 4 tomates mûres, pelées, coupées en dés, les graines retirées ou non, selon le goût
- 2 c. à s. d'huile d'olive
- 1 petit oignon finement haché
- 2 gousses d'ail finement hachées
- sel et poivre du moulin
- 1 ou 2 c. à s. de basilic frais finement ciselé

TOMATO SAUCE

Le climat estival new-yorkais convient idéalement à la culture des tomates. Les citadins en plantent sur leurs balcons, les terrasses, dans les jardins publics ou privés et dans des « fermes en ville ». Chaque été, on vend des tomates locales sur les marchés et dans les magasins. Avec des pâtes de qualité, rien ne vaut une bonne sauce tomate !

sauce tomate

(L) Brooklyn : Smorgasburg

($) 0 5 10 15

(A) Adresse Marchés H

LA RECETTE !

Dans une casserole, faites fondre l'oignon 4 ou 5 minutes à feu doux avec l'huile d'olive, en remuant souvent, jusqu'à ce qu'il soit tendre. Ajoutez l'ail, remuez et laissez cuire encore 2 minutes. Ajoutez les tomates et faites mijoter environ 5 minutes à feu moyen, en remuant de temps en temps. Salez, poivrez et retirez du feu. Parsemez le basilic.

À SAVOIR

À New York, on appelle « restaurant sauce rouge » les endroits où la majorité des plats sont nappés d'une sauce tomate épaisse, laissée des heures sur le feu. Les amateurs de cuisine italienne ont baptisé La Petite Italie le quartier qui les regroupe, sans que cela soit vraiment un compliment.

La Petite Italie organise deux kermesses par an, la fête de San Antonio, en juin, et celle de San Gennaro, en septembre. Les rues regorgent alors de victuailles. Il y a foule autour des baraques de jeux et il se vend des quantités de plats nageant dans la sauce tomate.

PUPUSA

Crêpes salvadoriennes

J'ai découvert les pupusas à Red Hook Ball Fields, à Brooklyn, un haut lieu de la street food d'Amérique latine.

LA RECETTE !

Mixez finement le fromage au robot avec les fleurs de Loroco.

Mettez le chou, la carotte et les rondelles de piment dans un saladier. Faites fondre le sucre et le sel avec le vinaigre, versez-les sur le chou et remuez. Réservez au réfrigérateur.

Faites revenir l'oignon 5 minutes à feu doux, dans une casserole, avec 2 cuillères à soupe d'huile. Ajoutez les tomates et l'eau (ou le bouillon), et faites mijoter 30 minutes à feu doux. Ajoutez le piment, salez et poivrez. Réservez.

Tamisez la farine dans un bol. Pétrissez avec juste assez d'eau pour obtenir une pâte souple.

Partagez la pâte en 10 boules. Mettez un peu d'huile au creux de la main et façonnez chacune en disque. Mettez un peu de fromage au centre, enfermez-le dans la pâte et reformez la boule. Répétez l'opération avec les autres.

Faites cuire les pupusas à la poêle, avec 1 cuillère à soupe d'huile, environ 5 minutes de chaque côté, jusqu'à ce qu'elles soient très dorées.

Accompagnez de sauce tomate et de salade de chou.

INGRÉDIENTS

- 400 g de fromage frais (queso blanco d'Amérique latine) ou de mozzarella
- 1 bol de fleurs de Loroco
- 500 g de farine de maïs
- environ 50 cl d'eau
- huile végétale

Salade de chou

- ½ chou blanc finement émincé
- 1 carotte finement râpée
- 1 piment japaleno coupé en rondelles
- 4 c. à s. de vinaigre
- 1 c. à s. de sucre en poudre
- 1 c. à c. de sel

Sauce tomate

- 2 c. à s. d'huile végétale
- 1 oignon finement haché
- 3 tomates Roma, coupées en très petits dés
- 12 cl d'eau (ou de bouillon de volaille)
- 1 piment Japaleno finement haché
- sel et poivre du moulin

(L) Brooklyn : Red Hook

($) 0 – 5 – 10 – 15 (5 à 10)

(A) Adresse Marchés F

RED HOOK FOOD VENDORS
RED HOOK FOOD VENDORS
SOLBER PUPUSAS
SOLBER PUPUSAS
SOLBER • PUPUSAS

La fête à Red Hook

Le week-end, quand il fait beau, j'aime passer le pont de Brooklyn à vélo pour aller me promener dans le parc du front de mer, jusqu'à Red Hook. En fait, ce qui m'attire à Red Hook, ce sont toutes les bonnes choses qu'on y vend : les pains au homard, les vraies pupusas salvadoriennes, et la fameuse pie à la lime qui a fait la renommée du quartier. Il faut déguster ces délices à la fraîche, sur l'herbe, au bord de l'eau.

À l'écart de la ville, Red Hook est un ancien quartier portuaire de Brooklyn, où Elia Kazan a tourné « Sur les Quais », avec Marlon Brando. Dans les années 90, Red Hook avait la réputation d'être l'un des endroits les plus dangereux de tout le pays. Contre toute attente, Red Hook a bien changé, comme beaucoup de quartiers new-yorkais jugés irrécupérables. Le suédois Ikea a installé un magasin géant sur les quais, et Fairway a posé ses comptoirs d'alimentation de luxe sur le front de mer, dans un immense bâtiment réhabilité. Les artistes ont redécouvert le quartier, des galeries d'art et des restaurants ont investi Van Brunt Street, l'artère principale, ainsi que les rues adjacentes. Le Red Hook Project, un grand ensemble d'immeubles en briques, reste le quartier populaire. L'été, riches et pauvres se retrouvent sur le terrain de sport du quartier, au Red Hook Food Vendors, un rassemblement de food trucks opérés par des chefs du Mexique, du Salvador, de Colombie, de République Dominicaine et du Guatemala.

La tradition de ce festival de cuisine latino-américaine remonte à 1974. Cette année-là, des vendeurs ambulants commencèrent à installer des tables pliantes autour des terrains de sport, les Ball Fields. Personne n'avait de licence et tout était donc très informel. La municipalité laissait faire, car elle avait d'autres soucis, bien plus sérieux : le délabrement du quartier était accentué par une vague d'insécurité, des incendies volontaires et une criminalité galopante. Un quart de siècle plus tard, tout a bien changé à Red Hook, comme dans le reste de la métropole. Dans le même temps, le bouche à oreille a amené de plus en plus de New-Yorkais de tous quartiers sur les terrains de sport de Red Hook, non pour jouer au football, mais pour goûter la cuisine latino-américaine.

Sous les projecteurs des médias, ce festival de cuisine devenu très populaire a inévitablement attiré l'attention des autorités. La mairie a vite constaté qu'aucun vendeur n'était en règle, ce qui menaçait l'existence même de ces week-ends festifs. Les vendeurs pouvaient heureusement compter sur l'appui du public et des médias, tous acquis à leur cause. En 2008, l'année où Ikea ouvrait son magasin géant à deux pas des terrains de sport, la municipalité a conclu un compromis avec les vendeurs ambulants : seuls les food trucks professionnels dûment enregistrés pourraient vendre de la nourriture, sur des emplacements bien définis, au bord des terrains de sport. Pour ceux qui ne disposaient pas des 50000 dollars nécessaires à l'achat d'un camion, c'était la fin. Pour les autres, la prospérité. Même avec moins de vendeurs, le Red Hook Ball Fields, comme on l'appelle désormais, est extrêmement populaire. Des survivants du festival originel comme le Country Boys/Martinez Taco Truck, par exemple, ont eu tellement de succès qu'ils ont déployé des food trucks à leur enseigne dans d'autres quartiers de Brooklyn. J'essaye toujours de visiter le Red Hook Ball Fields avec des amis, pour pouvoir goûter un maximum de plats en se les partageant, tant le choix est vaste. Avec 5 ou 6 dollars, vous avez de quoi manger pour le reste de la journée. Un conseil, prenez votre temps, asseyez-vous sur un banc pour profiter de la cuisine et du spectacle de la foule joyeuse et bigarrée qui parle toutes les langues : c'est New York.

Après cet apéritif, j'aime longer le bord de mer de Red Hook jusqu'à l'ancien port, ses entrepôts du XIXe siècle et ses rangées de petites maisons ouvrières qui atteignent aujourd'hui des prix fous... Je roule vers ma prochaine étape culinaire, le homard. Le vivier de la rue Van Brunt est la meilleure adresse pour goûter des pains au homard frais. Chaque semaine, Steve et Victoria

Tarpin, les propriétaires, partent pour le Maine acheter des homards vivants qu'ils gardent dans de grands viviers. Ici, pas de homard congelé.

Étape sucrée maintenant, dans un grand entrepôt du XIXe siècle qui surplombe la baie. Chez Steve's Authentic Key Lime Pie, on fait évidemment mon dessert favori, la tarte à la lime, préparée avec les petits agrumes des Florida Keys. Si la plupart sont souvent trop sucrées, celles de Steve ont juste le bon degré d'acidité.

Je roule jusqu'au magasin Ikea et prends le ferry pour le quai de Wall Street, à Manhattan, un trajet de 15 minutes. Du bateau, la vue est à couper le souffle. Il ne m'en faut pas plus pour conclure en beauté ce dimanche d'été à New York.

Jusqu'aux années 1870, le homard n'était pas cher à New York, mais la pollution maritime, sans cesse croissante, a fait grimper son prix. Aux alentours de 1890, il devient synonyme de luxe et de loisirs.

Une représentation populaire de l'époque montre un homard coiffé d'un haut-de-forme dansant avec une jolie fille, symbolisant les bons vivants dispendieux qui fréquentaient alors les « Lobster Palaces ».

Ces luxueux restaurants, souvent gigantesques, étaient regroupés dans le quartier actuel de Times Square. Avec l'apparition des food trucks gourmets et d'épiceries chics comme Smorgasburg, le homard a réinvesti la rue, sans pour autant retrouver son prix d'autrefois.

INGRÉDIENTS

- 100 g de céleri haché
- 1 c. à s. de jus de citron
- 4 c. à s. de mayonnaise
- 400 g de chair de homard effilochée
- 1 pincée de paprika ou d'épices cajun
- sel et poivre du moulin
- 3 ou 4 petits pains tendres, légèrement grillés
- 1 c. à s. de beurre ou d'huile d'olive

LOBSTER ROLL *sandwich au homard*

L — Brooklyn : Red Hook

$ — 0 5 10 15

A — Adresse n° 27

★★

À New York, on trouve des homards pêchés dans les eaux froides des côtes de l'Atlantique nord et le plus souvent vendus sous l'appellation homard du Maine, cet État en étant devenu le plus important fournisseur. Le homard est plus charnu que sa cousine la langouste, qui vit dans les eaux plus chaudes de Floride, des Caraïbes et du sud de la Californie..

LA RECETTE !

Dans un bol, mélangez le céleri, le jus de citron et la mayonnaise. Ajoutez la chair de homard, le paprika ou les épices cajun, salez et poivrez. Mélangez et mettez au réfrigérateur.

Au moment de servir, coupez les petits pains en deux et enduisez-les de beurre ou d'huile. Chauffez une poêle gril à feu moyen, posez un petit pain sur sa face beurrée et laissez-le griller environ 3 minutes. Recommencez avec les autres. Garnissez-les de homard et servez aussitôt.

La recette authentique de Steve

KEY LIME PIE

★ ★ ★ ★

Tarte à la lime

La lime des Keys est une variété de citron vert qui porte le nom de la région de Floride où elle était produite, avant qu'un ouragan ne dévaste la plupart des plantations. Aujourd'hui la majorité vient du Mexique. C'est un fruit assez petit, bien rond, plus acide et amer que le citron vert courant. Il est meilleur avant maturité, quand il est encore très vert. L'authentique Key lime pie de Steve est mon dessert préféré. Steve Tarpin, qui a grandi en Floride, a installé sa fabrique dans un vieil entrepôt de Red Hook et ouvert une petite boutique au public, juste à côté. Il fournit les meilleurs hôtels et restaurants de New York.

INGRÉDIENTS

Pâte

- 220 g de Graham Crackers (ou de sablés), écrasés
- 110 g de beurre fondu

Garniture

- 25 cl de lait concentré sucré, glacé
- 4 jaunes d'œufs froids
- 12,5 cl de jus de lime froid
- crème fouettée pour servir

*** À SAVOIR ***

On ne trouve pas que d'authentiques tartes à la lime. Certains restaurants les font avec du jus concentré et la qualité s'en ressent.

LA RECETTE !

LE FOND DE PÂTE

Préchauffez le four à 160°C (th.5-6).

Réunissez les biscuits et le beurre fondu dans un bol et mélangez pendant 2 minutes pour bien homogénéiser l'ensemble.

Garnissez-en un moule à tarte beurré de 25 cm de diamètre et faites cuire 8 minutes, jusqu'à ce que la pâte soit bien dorée. Retirez du four et laissez refroidir.

LA GARNITURE

Mélangez bien le lait concentré et les œufs. Versez lentement le jus de lime, en tournant doucement, juste pour l'incorporer : si vous remuez trop vivement, la garniture ne prendra pas en refroidissant. Versez dans le fond de tarte et mettez au réfrigérateur jusqu'à ce que le mélange soit ferme.

(L) Brooklyn : Red Hook

($) 0 5 10 15

(A) Adresse n° 20

New York n'existerait pas sans ses vendeurs de rue

« Peut-on leur faire confiance ? », me demandent parfois les touristes en considérant les gros food trucks, comme les petits vendeurs de rue. Ma réponse est invariablement la même : « absolument ». Les stands de rue sont plus propres que bien des cuisines de restaurants, tout simplement parce qu'ils sont à la vue des clients, qui peuvent suivre toutes les étapes de la préparation et de la cuisson. Si les beignets de banane ou le poulet au basilic sont cuits à l'avance, par exemple, le cuisinier ne pourra pas les cacher. De toute façon, l'exiguïté des stands interdisant un stockage important, tout est très frais.

Il y a quelque temps, à Chinatown, j'ai demandé des pancakes aux oignons frais à un vendeur ambulant, car j'étais vraiment affamé. « Je n'ai plus rien, j'ai tout vendu », m'a-t-il répondu en repliant son éventaire, ajoutant : « revenez demain, je serai là ». Il était 4 heures de l'après-midi ! Bien des gens, même les moins racistes du monde, sont inconsciemment persuadés que cette cuisine n'est pas saine parce que préparée dans la rue, par des immigrés venus de pays à l'hygiène très rudimentaire. D'expérience, les vieux New-Yorkais ne sont pas de cet avis : riches ou pauvres, ils n'hésitent pas à acheter aux échoppes de rue. L'empathie joue aussi un rôle important. Les Américains sont très fiers de leurs pères ou grands-pères. Arrivés aux Etats-Unis sans un sou et sans parler un mot d'anglais, ils ont quand même réussi en travaillant tout de suite comme vendeurs ambulants. Au XIXe siècle et au début du XXe, à l'époque où il y avait beaucoup moins de magasins et de restaurants, on trouvait pratiquement tout dans la rue, et l'offre a continué de s'étendre avec chaque vague d'immigrés. La street food a évolué aussi avec le temps. Au fil des siècles, la liste des plats populaires s'est allongée : huîtres, soupes de viande des îles (tripes, lard et légumes), œufs durs, épis de maïs bouillis ou grillés, pains d'épices, beignets, châtaignes et cacahuètes grillées, poires au sirop, pommes rôties, cidre sans alcool, pommes de terre au four, café, gâteaux, bretzels, pickles, knishes (petits pâtés de pomme de terre), hot dogs, saucisses grillées, souvlakis (brochettes grecques), kebabs et, plus récemment, les plats halal. Tout s'y trouve. Et pour être exhaustif, il faudrait ajouter les luxueuses recettes internationales des food trucks gourmets.

Je tire mon chapeau à tous les vendeurs de rue. C'est un dur métier où l'on se lève tôt, pour travailler en plein air, par tous les temps. Il faut garder le sourire avec toutes sortes de clients, sous peine de ne plus les revoir. Les journées sont très longues et bien des gens peuvent vous créer des problèmes : le propriétaire de l'immeuble en face duquel vous vous êtes installé, les commerçants du quartier, jusqu'aux autres vendeurs ambulants du secteur, s'ils jugent que vous leur faites concurrence. Les grosses difficultés viennent de la police, de plus en plus sévère au fur et à mesure de l'arrivée de nouvelles échoppes. À l'été 2011, un véritable déluge de PV de stationnement s'est abattu sur les food trucks qui avaient investi en masse le centre de Manhattan : 700 000 personnes travaillant quotidiennement dans ce quartier, on s'y presse naturellement pour vendre de la nourriture ! Dans une zone déjà très encombrée, les trottoirs sont interdits aux gros food trucks gourmets et n'accueillent que des chariots ou de petits stands. En 2011, l'interdiction de stationner sur les emplacements munis de parcmètres a été catastrophique pour les food trucks : au centre de Manhattan, il n'y a que des parcmètres ! Fin 2012, la police a commencé à faire preuve d'un peu plus de souplesse, mais la plupart des food trucks sont encore bien souvent contraints de jouer au chat et à la souris avec elle.

WE'RE ON A ROLL !!
SABRETT
BEEF HOT DOG
BEEF HOT SAUSAGE
HOT DOG HOT SAUSAGE HOT PRETZEL
HOT DOG
HOT SAUSAGE HOT PRETZEL

La banane plantain est tellement consommée dans les pays tropicaux qu'il existe mille façons de l'accommoder. C'est l'ingrédient idéal pour faire des essais! On peut la cuire à la vapeur, la frire, la faire sauter aussi bien que la griller.

Ⓛ—Manhattan : Harlem

Ⓢ— 0 5 10 15

Ⓐ—Adresse n° 04

INGRÉDIENTS

- 2 bananes plantains mûres (à peau jaune ou noire)
- 4 c. à s. d'huile d'olive ou de beurre

FRIED PLANTAINS

Bananes plantains frites

LA RECETTE !

Retirez la peau des bananes et coupez-les en rondelles d'environ 1 cm d'épaisseur.

Chauffez l'huile ou le beurre dans une grande poêle antiadhésive. Disposez les rondelles de banane sur une seule couche et faites-les cuire à feu modéré, jusqu'à ce que la première face soit bien dorée. Retournez-les délicatement avec une spatule et faites cuire l'autre côté de la même manière.

Égouttez-les sur du papier absorbant et attendez 2 ou 3 minutes avant de servir.

La banane plantain est un fruit tropical vert et ferme, très riche en fibres. À la différence de la banane fruit, elle ne se mange pas crue, mais cuite ou frite. Son goût rappelle vaguement celui de la pomme de terre. Trop mûre, elle devient amère. Depuis que New York compte des millions d'habitants originaires des pays de production, on la trouve couramment en supermarché.

À déguster chaud et piquant,
comme sur un marché thaï…
La saveur poivrée de ce basilic,
le khrapao, est incomparable.

KHAO PAT KHRAPAO GAI

(L)—Manhattan : Midtown

($) 0 5 10 15

POULET SAUTÉ AU BASILIC THAÏ

INGRÉDIENTS

- 2 c. à s. d'huile végétale
- 2 gousses d'ail écrasées
- 1 petit piment thaï (facultatif)
- 140 g de blanc de poulet coupé en lamelles
- 2 c. à s. de petits tronçons de haricots serpents
- 1 c. à s. de sauce soja claire
- 1 c. à s. de nuoc-mâm (sauce poisson)
- ¼ c. à s. de sucre en poudre
- 3 c . à s. de bouillon de volaille
- 30 feuilles de basilic thaï (khrapao)

Pour servir

- rondelles de concombre
- œuf miroir ou au plat
- phrik nam pla (5 c. à s. de nuoc mâm, 3 c. à s. de jus de citron vert, 4 petits piments hachés)

LA RECETTE !

Versez l'huile dans un wok placé à feu doux. Faites revenir l'ail 30 secondes, puis ajoutez le piment et laissez cuire encore 30 secondes.

Mettez à feu moyen, jetez les lamelles de poulet dans le wok et faites-les revenir jusqu'à ce que la viande soit bien dorée.

Ajoutez les haricots, un peu d'eau ou de bouillon si nécessaire, la sauce soja, le nuoc-mâm et le sucre.

Faites cuire 1 minute, rajoutez encore un peu d'eau ou de bouillon.

La même préparation convient à un wok de porc, de bœuf ou de champignons, si vous préférez une version végétarienne

La répression

Avec les gratte-ciel et les taxis jaunes, les vendeurs de rue sont des symboles de New York. Ils sont infiniment plus rares dans les autres villes des États-Unis. Pourtant, la municipalité ne leur rend pas la vie facile. Dès la fin du XIXe siècle, les autorités ont commencé à réglementer la street food. Les vendeurs n'avaient pas le droit de rester plus d'une demi-heure à la même place, mais il était évidemment impossible de faire respecter cette loi, en particulier dans les quartiers surpeuplés de Lower East Side. En 1886, les vendeurs ambulants regroupèrent leurs charrettes à bras en un grand marché sur Hester Street. Un marché très vivant, mais un peu trop animé, à tel point que des plaintes furent déposées pour corruption et absence d'hygiène. En 1928, la mairie rendit obligatoire la licence pour les vendeurs de rue, le nombre en étant limité à 7 000. La grande dépression des années 30 rendit cette mesure inapplicable, de nombreux citadins ne survivant que grâce à cette activité ; les plus pauvres, qui n'avaient que des pommes à vendre, ne détenaient naturellement pas de licence. Fiorello La Guardia, le maire élu en 1933, engagea une politique de répression radicale, interdisant la vente de nourriture dans la rue et obligeant les vendeurs à louer des emplacements dans les marchés couverts. L'Essex Street Market, dans le Lower East Side, est le seul survivant de cette époque : les New-Yorkais ont toujours préféré les marchés de plein air. Très impopulaire, la règle instaurée par La Guardia ne dura pas longtemps.

La licence est toutefois restée obligatoire, mais le quota n'a pas augmenté. Il s'est même trouvé un maire pour réduire brutalement ce ***numerus clausus***. Ed Koch, pourtant fier de son père qui avait été vendeur de rue à ses débuts, décida en 1988 de ne distribuer que 3 000 licences de cuisine de rue et 853 licences aux autres vendeurs ambulants. Naturellement, ils furent nombreux à poursuivre leur activité, mais en risquant des amendes et même la confiscation de leur matériel. Rudy Giuliani, élu maire en 1994, essaya ensuite d'interdire 144 tronçons de rue du centre de Manhattan aux cuisiniers ambulants ; comme La Guardia, Giuliani dut revenir rapidement sur cette mesure devant les vives protestations des New-Yorkais. En réalité, New York est une ville tellement active qu'elle ne peut se passer de sa street food, aussi importante sur le plan culturel et social que sur le plan économique.

Les autorités continuent pourtant de harceler les vendeurs ambulants. Depuis que Michael Bloomberg est maire, les amendes pour vente illégale ont été réajustées à la hausse. Dans le même temps, aucune nouvelle licence n'a été délivrée ; les commerçants ambulants n'ont donc pas d'autre choix que de travailler dans l'illégalité. En 2012, on comptait 4 000 licences d'échoppes de nourriture et 1 700 licences d'autres boutiques ambulantes, pour 25 000 vendeurs en activité. 19 000 personnes travaillaient donc dans l'illégalité, intégrant dans leur compte d'exploitation les éventuelles amendes et confiscations. Parallèlement, quelques entreprises concentrent de plus en plus de licences. Huit sociétés possèdent ainsi à elles seules le tiers des licences. Regroupées au sein de la Big Apple Food Association, elles se contentent de louer des stands avec licence et d'encaisser les revenus, pendant que les petits vendeurs indépendants se battent pour garder la tête hors de l'eau.

LE RÉCIT DE TOM

Un petit tour au marché bon chic-bon genre de Chelsea, je traverse Greenwich Village, puis Chinatown et passe le pont de Brooklyn pour revenir dans ma modeste chambre de Williamsburg. Le vélo à New York, c'est vraiment formidable ! On voit tout, on sent tout, on entend tout, on s'arrête où et quand on veut. La métropole comptant plus de 200 kilomètres de pistes cyclables, je trouve ce mode de transport très sûr, même si tout le monde n'est pas d'accord.

Assez de vélo pour aujourd'hui, je vais boire une bière avec Gabby, un ami new-yorkais qui vit dans le Lower East Side. Un peu plus tard dans la soirée, installés à une terrasse, nous faisons la fête autour d'un superbe dîner portoricain. J'ai rarement été aussi bien accueilli dans un restaurant. Pas d'alcool ici, mais ça n'a aucune importance puisqu'on peut acheter de la bière dans la boutique voisine. Inutile même de se plonger dans le menu, Nelly sait ce que nous aimons et nous l'apporte directement: du mofongo (ail, couennes de porc et bananes plantain frites), du pernil (épaule de porc marinée à l'ail et rôtie), des chicharonnes (poulet ou porc frit). Elle cuisine ces plats emblématiques de Porto Rico avec amour, et ça se sent.

Le lendemain, j'appelle Jeff Ollick pour une immersion profonde dans la street food. Jeff travaille à plein temps, mais il trouve quand même quelques heures pour organiser des visites d'échoppes de cuisine sur Jackson Heights dans le Queens. C'est une chance pour moi. Nous avons rendez-vous 111e rue, à Jackson Heights, mais je vais passer par Flushing, terminus de la ligne 7. J'espère trouver l'inspiration pour mon noodle bar dans le deuxième Chinatown de New York, un quartier très animé. Flushing grouille d'activité, à l'image des métropoles asiatiques, et je m'y sens comme un poisson dans l'eau. New York a aujourd'hui trois quartiers asiatiques, trois « Chinatowns » : dans Lower Manhattan, à Sunset Park dans Brooklyn et ici à Flushing, dans le Queens. En entrant dans un supermarché, j'ai l'impression d'être à Taipei, à Saïgon ou à Bangkok, au milieu des liserons d'eau, des haricots serpents, du basilic thaï et.... de la délicieuse puanteur du durian ! Les Asiatiques se fraient un chemin en poussant leurs caddies dans la foule. Un escalier et un escalator plus loin, je me retrouve dans l'aire de restauration. La ressemblance avec les Hawker Centers de Singapour ou de Hong Kong est frappante. Au centre, beaucoup de tables et de chaises où l'on mange avec animation. Je passe en revue quelques comptoirs riches de photos colorées et choisis un **poulet à la sichuanaise**. La cuisine du Sichuan, très relevée, est l'une des plus chaleureuse de Chine et j'adore la saveur marquée de son poivre, même à forte dose.

Au sortir du supermarché, la rue est noyée sous une violente averse, comme New York en réserve à l'automne. Je cours m'abriter sous le pont de chemin de fer de Main Street. Là, sous un antique panneau de signalisation, trois femmes cuisent des **pancakes aux échalottes**, à seulement 75 cents pièce ! Les minuscules fenêtres de leur boutique sont tout embuées, les pancakes sentent délicieusement bon... Sur le trottoir d'en face, un Chinois grille des brochettes au charbon de bois sous l'enseigne « Xinjiang Barbecue ». Le ciel continue de nous tomber sur la tête. Je demande à ceux qui s'aventurent à l'extérieur où manger une soupe de raviolis chinois, mais personne ne semble comprendre. Un étudiant qui maîtrise un peu l'anglais m'indique une aire de restauration un peu plus bas dans Main Street. Je dois passer trois fois devant sans la voir et je suis à essorer quand je trouve enfin l'entrée. L'endroit ne paye pas de mine, mais la cuisine est à tomber ! Xian a un comptoir ici, on peut donc goûter ses fabuleuses **nouilles à l'agneau** et leur sauce au cumin, ou la délicate **soupe de raviolis**, typique de Hong Kong. Un peu plus loin, on sert des **dim sum au porc** comme au Momofuku. Je prévois déjà de préparer moi-même ces délicieuses bouchées de retour en Europe.

La rencontre avec Jeff Ollick a été l'un des points culminants de mon séjour à New York. Jeff est un garçon sérieux, passionné par la street food et surtout par l'engagement profond de ses acteurs. Nous nous retrouvons devant le Torta Neza, un food truck du Queens. Jeff commande des **tacos au boeuf salé et à la sauce au poivron vert**, ces galettes mexicaines très populaires à New York. J'en ai déjà l'eau à la bouche et ils sont effectivement à s'en lécher les doigts. Je suis aux anges et nous n'avons pas encore goûté les célèbres tortas ! Ces énormes sandwiches ressemblent à des hamburgers sous stéroïdes et au Torta Neza, ils portent le nom des clubs de foot mexicains. Galdino Molinaro, le propriétaire, nous en propose une géante. C'est un véritable monstre qu'il construit: sur un (grand) pain rond, il empile du chou, de la tomate, de l'avocat, une sauce chipotle aux piments, de la pâte de haricots « maison », trois saucisses de Francfort frites, quatre tranches de jambon, du fromage mexicain en tranches et un blanc de poulet frit ! Galdino referme sa torta, la presse fortement et la grille sur la plancha avant de l'emballer, serrée dans une feuille d'aluminium, pour la couper en deux. C'est Hulk, ce sandwich ! Impossible d'avaler ça tout seul et simplement difficile à manger sans en répandre partout.

→ **suite p. 118**

macy's

北京片皮鴨
腸粉 / 北京鴨
RICE WRAP / PEKING DUCK
蝦仁腸粉
$2.50
早上七時
至下午三時
7 AM - 3 PM
腸粉
即叫即蒸
Make to Order Steam Rice Roll
Add Egg $0.50
叉燒腸粉
$1.50
$1.50
蝦米腸粉
$1.50
Honey Kiss
HAMI GOLD
$4.99
$1.00/片 Pc.
鴨殼 Duck Bone
$2.50/隻 Ea.
北京片

L — Queens : Flushing

$ — 0 5 10 15

A — Adresse n° 14

SZECHUAN STIR-FRIED CHICKEN

Poulet sauté à la sichuanaise

De quoi vraiment régaler vos copains de table !

INGRÉDIENTS

- 2 blancs de poulet, coupés en lamelles
- 2 c. à s. de sauce soja claire
- 2 c. à s. de vin de riz (Shaoxing)
- 2 c. à c. d'huile de sésame
- 2 échalotes sommairement hachées
- 2 gousses d'ail, aplaties avec la main
- 1 branche de céleri sommairement hachée
- 2 c. à s. d'huile végétale
- 4 petits piments Japaleno sommairement hachés
- 1 c. à s. d'eau
- ½ c. à s. de sucre en poudre
- 2 ciboules sommairement hachées
- 1 c. à c. de poivre du Sichouan, grillé et moulu
- riz blanc cuit à la vapeur

LA RECETTE !

Faites mariner le poulet pendant 30 minutes avec 1 cuillère à soupe. de sauce soja, le vin de riz et l'huile de sésame.

Chauffez un wok à feu moyen, versez-y l'huile et faites revenir les échalotes, l'ail et le céleri pendant 1 minute. Ajoutez le piment.

Égouttez le poulet et réservez la marinade. Mettez-le dans le wok et faites-le revenir jusqu'à ce que les lamelles soient bien dorées. Ajoutez l'eau, le reste de la sauce soja, la marinade et le sucre.

Parsemez les ciboules et le poivre et laissez encore 30 secondes sur le feu.

Accompagnez de riz blanc cuit à la vapeur.

* À SAVOIR *

Le poivre du Sichuan n'est pas un vrai poivre, mais une petite baie dont on utilise surtout la coque, provenant d'un arbuste de la famille du citronnier. Sa saveur est plus acidulée que piquante. La cuisine du Sichuan est considérée comme la plus conviviale des cinq grandes cuisines chinoises.

INGRÉDIENTS

- 250 g de farine
- 2 c. à c. de sel
- 1 c. à c. de sucre en poudre
- 1 c. à c. de levure sèche, délayée dans 12 cl d'eau tiède
- 4 c. à s. d'huile végétale
- 5 cébettes finement hachées (ou 5 oignons nouveaux)

SCALLION PANCAKE

crêpes aux oignons nouveaux

J'ai découvert ce petit plat bon marché et nourrissant sous un pont de Jackson Heights.

LA RECETTE !

Tamisez la farine dans un bol et ajoutez le sel. Mélangez le sucre à la levure délayée, versez sur la farine et pétrissez pour former une pâte. Ajoutez 2 cuillères à soupe d'huile, couvrez avec un linge et laissez lever 45 minutes à température ambiante.

Farinez légèrement le plan de travail. Partagez la pâte en petites boules de la taille d'une mandarine. Étalez-les au rouleau en disques de 15 cm de diamètre.

Parsemez les cébettes sur les disques de pâte et pressez très légèrement pour qu'ils y adhèrent. Enroulez les disques sur eux-mêmes, tournez-les d'un quart de tour et passez à nouveau le rouleau pour refaire des galettes de 15 cm.

Faites cuire les galettes à la poêle, à feu moyen, avec le reste de l'huile, 2 ou 3 minutes de chaque côté, jusqu'à ce qu'elles soient bien dorées.

(L) — Queens : Flushing

($) 0 — 5 — 10 — 15

(A) — Adresse n° 09

Pour une version un peu plus raffinée, parsemez de graines de sésame grillées, de fenouil ou de cumin.

L — Queens : Flushing

$ — 0 5 10 15

A — Adresse n° 14

LA RECETTE !

Faites fondre l'oignon à la poêle, avec l'huile, jusqu'à ce qu'il soit tendre. Ajoutez le cumin, l'ail, le piment, l'agneau et faites revenir l'ensemble 2 minutes. Versez la sauce soja, poivrez et laissez encore 1 minute sur le feu, jusqu'à ce que la viande soit bien dorée. Versez l'eau et faites mijoter 30 minutes à feu doux. Salez.

Pendant ce temps, faites cuire les nouilles. Rincez-les à l'eau froide pour éviter qu'elles ne collent. Égouttez-les et mettez-les dans la poêle. Mélangez.

Parsemez les ciboules avant de servir.

INGRÉDIENTS

- 2 c. à s. d'huile végétale
- 1 oignon, en tout petits dés
- 1 c. à s. de graines de cumin grillées
- 2 gousses d'ail écrasées
- 1 c. à c. de piment en poudre
- 500 g d'épaule d'agneau en cubes de 2 cm
- 2 c. à s. de sauce soja
- ½ c. à c. de poivre
- 8 cl d'eau
- 1 pincée de sel
- 300 g de nouilles de riz, cuites selon les indications de l'emballage
- 4 ciboules, coupées en biais en tronçons de 2,5 cm

SPICY LAMB NOODLES

NOUILLES SAUTÉES À L'AGNEAU

Cette recette est un plat précurseur de la « cuisine-fusion », à mi-chemin de la Chine et du Moyen-Orient.

INGRÉDIENTS

- 200 g de viande de porc hachée
- 50 g de chair de crevette finement hachée
- 1 c. à s. de sauce soja claire
- 2 ciboules finement ciselées (ou 2 oignons nouveaux)
- ¼ c. à c. de poivre blanc
- 1 c. à c. de gingembre émincé
- 1 l de bouillon de volaille léger
- 20 feuilles de pâte à wontons
- 1 tige de ciboule émincée (ou 1 oignon nouveau)
- 2 feuilles de chou chinois sommairement hachées

*** À SAVOIR ***

On peut aussi frire les wontons. On les sert alors indifféremment dans un bouillon ou en bouchées, avec une sauce aigre-douce.

WONTON SOUP

Soupe de raviolis chinois

Hong Kong est le vrai pays des wontons ! C'est là que j'ai goûté cette soupe pour la première fois.

(L) Queens : Flushing

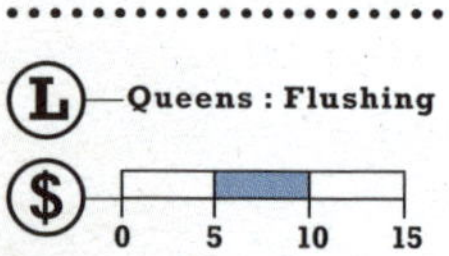

LA RECETTE !

Préparez d'abord la farce des raviolis : mélangez bien le porc et les crevettes hachés avec la sauce soja, les ciboules, le poivre et le gingembre. Réservez.

Portez le bouillon à petite ébullition dans une casserole.

Étalez un carré de pâte, posez 1 cuillère à café de farce au centre, humidifiez le tour au pinceau et pliez en triangle. Soudez les bords et froncez-les. Répétez l'opération avec les autres carrés de pâte.

Ajoutez le chou au bouillon, puis plongez-y délicatement les wontons. Faites cuire 5 minutes.

Servez dans des bols, en parsemant la ciboule émincée.

$1.25/4PCS
STEAM PORK BUN
$3.50/ 碗
上海粽子
MEAT RICE
$1.75/ 個
$1.75/EACH
$0.75¢/EACH
TEA EGGS
$1.00/3PCS
$1.25/4 個
炒米粉
$1.25/4PCS
STIR-FRIED RICE NOODLE
$1.25/ 盒
$1.25/EACH
NIKE

金商場
HOPPING MALL
小吃一條街
FOOD COURT
DOWN STAIR
BRAND NAME FOR LESS
BRAND NAME FOR LESS
名牌服裝折扣店
33 榮豐堂保健品
27 夢想時裝屋
28 花店
2 閩東影視
le Noodle 蘭州拉面
1A 南北水餃
31 成都天府小吃
15 四季面
16 温州朱记小吃
26 西安名吃

! I'm Garlic
marinated
I'm Super

INGRÉDIENTS

Viande
- 1 kg d'épaule de porc

Marinade :
- 100 g de sel (environ 5 c. à s.)
- 100 g de sucre en poudre (environ 8 c. à s.)
- 20 cl d'eau
- 2 feuilles de laurier
- 2 c. à s. de :mélange d'épices

Mélange d'épices
- 1 c. à s. de cumin en poudre
- 1 c. à s. de piment en poudre
- 1 c. à s. de paprika
- 1 c. à s. d'ail déshydraté en poudre
- 1 c. à c. de sel
- 1 c. à c. de poivre
- 2 c. à s. de sucre en poudre
- huile végétale

Pâte des pains :
- 37,5 cl d'eau
- 1 c. à c. de levure sèche
- 6 c. à s. de sucre
- 1 kg de farine
- 1 c. à s. de sel
- ½ c. à c. de levure chimique
- ½ c. à c. de bicarbonate de soude
- huile végétale

Pour accompagner :
- sauce hoisin
- sauce piment (Sriracha)

Ces petits pains sont inspirés des Gwa Pao taïwanais, cuits à la vapeur, très populaires dans les échoppes de Taipei.

(L)—**Brooklyn : Smorgasburg**

($) 0 5 10 15

(A)—**Adresse Marchés H**

PULLED PORK BUN

♥♥♥ Petits pains à l'effilochée de porc ♥♥♥

LA RECETTE !

Rincez la viande à l'eau froide. Épongez-la soigneusement et mettez-la dans un sac en plastique.

Mixez tous les ingrédients de la marinade. Versez-la dans le sac, fermez celui-ci hermétiquement et répartissez-la sur la viande. Laissez mariner 6 heures.

Délayez la levure sèche et le sucre dans l'eau. Versez le mélange sur la farine, ajoutez la levure chimique, le bicarbonate et 2 cuillères à soupe d'huile, puis pétrissez 30 minutes à la main, dans un bol, ou 15 minutes au robot électrique.

Couvrez avec un torchon et laissez lever 1 heure, ou jusqu'à ce que la pâte double de volume.

Farinez légèrement le plan de travail. Étalez la pâte au rouleau en un disque régulier, puis roulez-la pour former un long cylindre. Coupez celui-ci en tronçons et faites des petites boules de la taille d'une clémentine. Rangez-les sur une plaque, couvrez avec un torchon et laissez lever encore 1 heure environ.

Farinez à nouveau le plan de travail. Étalez les boules de pâte une à une, en leur donnant une forme ovale de 7,5 cm x 9 cm. Huilez une baguette en bois, posez-la au milieu de l'ovale, puis rabattez les côtés de la pâte l'un après l'autre, pour l'enrouler autour de la baguette. Soudez la jonction. Faites autant de petits pains que de morceaux de pâte, rangez-les sur une plaque, couvrez et laissez lever encore 30 minutes.

Égouttez le porc de la marinade et épongez-le avec soin. Frottez la viande avec le reste du mélange d'épices composé pour la marinade.
Préchauffez le four à 200°C (th.6-7). Posez le porc sur une grille, faites cuire 45 minutes, puis baissez la température du four à 100°C (th.3-4) et poursuivez la cuisson pendant encore 90 minutes.

Sortez la viande du four. Laissez-la refroidir, puis effilochez-la à la fourchette.
Faites cuire les pains 15 minutes environ à la vapeur, par 4 ou 5 à la fois. Si vous en avez trop, vous pouvez les congeler.

Glissez 1 cuillère à soupe de sauce hoisin et un peu de porc effiloché à l'intérieur. Accompagnez de sauce piquante.

SALTED BEEF TACO

★★★★★★★★★★★★★★★★★★★★

TACOS DE BOEUF SALÉ

LA RECETTE !

Versez 1 litre d'eau, le sucre et le sel dans une casserole, amenez à ébullition, puis retirez du feu et laissez refroidir.

Piquez la viande avec une fourchette sur toute sa surface et plongez-la dans la casserole. Laissez mariner au moins 24 heures, en posant un poids dessus pour qu'elle reste bien immergée. Égouttez-la et rincez-la.

Pendant ce temps préparez la sauce poivron. Faites fondre l'oignon et l'ail à la poêle, avec une cuillerée d'huile, puis ajoutez les tomates et laissez cuire quelques instants. Recouvrez d'eau. Ajoutez l'origan et faites mijoter environ 1 heure à petits frémissements, pour que l'eau s'évapore.

Mixez les tomates cuites et le poivron au robot électrique. Versez cette purée dans une casserole, avec le reste de l'huile et faites cuire 5 minutes. Salez et laissez refroidir.

Versez le reste de l'eau dans une autre casserole, ajoutez le piment le poivre et le cumin et plongez-y la viande. Portez à frémissements et faites cuire 90 minutes à feu très doux. Laissez refroidir et taillez la viande en fines lamelles.

Faites cuire les tacos en suivant les instructions de l'emballage.

Garnissez chaque taco d'une ou deux cuillerées de viande, de lamelles de citron vert, de sauce poivron et de coriandre.

INGRÉDIENTS

- 2 l d'eau
- 4 c. à s. de sel
- 3 c. à s. de sucre en poudre
- ½ c. à c. de poivre mignonnette
- 500 g de bœuf
- 1 c. à s. de piment en poudre
- ½ c. à c. de poivre
- ½ c. à c. de cumin
- 10 à 15 tacos

Sauce poivron verte

- 1 oignon finement haché
- 2 gousses d'ail finement hachées
- 2 c. à s. d'huile végétale
- 500 g de tomates vertes, pelées
- eau
- ½ c. à c. d'origan séché
- 1 c. à c. de sel

Garniture

- tranches de citron vert
- sauce poivron verte
- 1 poignée de feuilles de coriandre ciselées

Ces tacos au bœuf salé constituent un délicieux en-cas. Arrosez d'un filet de jus de citron vert pour donner du « peps » à l'ensemble !

(L)—**Queens : Jackson Heights**

($) 0 5 10 15

(A)—**Adresse n° 12**

RIZZO'S
EST
1959
PIZZA

LE RÉCIT DE TOM

Nous en engloutissons quand même chacun la moitié et c'est sacrément bon ! Le rythme cardiaque et la tension de Jeff ne semblent pas avoir été affectés. Il m'explique que les tortas de Galdino sont sélectionnées aux Vendy Awards ; comme Galdino n'a pas le permis, c'est lui qui conduira le camion jusque là-bas. Jeff est vraiment altruiste et toujours prêt à rendre service, comme beaucoup de New-Yorkais.

Quelques minutes à pied sous la partie aérienne de la ligne 7 de Jackson Heights et nous voilà devant la Tortilleria Nixtamal, la boutique la plus réputée de la ville pour ses tacos. Tout est fait artisanalement ici, jusqu'à la pâte de maïs, base des tortillas. Le patron Fernando Ruiz, habillé d'un T-shirt « I love Nixtamal », nous montre les machines qui la fabriquent quotidiennement. Nous commandons des bières et quelques bouchées à grignoter. Au menu, **salade de cactus**, plante que je n'avais jamais goûtée. Son goût n'est pas très marqué, mais un peu de cotija, fromage mexicain comparable au pecorino sec, relève très bien la salade.

En continuant notre traversée de Jackson Heights, nous passons devant The **tamale** Lady, célèbre pour ses tamales. Pas de chance : la dame n'est pas là et les heures d'ouverture ne sont pas indiquées. Un peu plus loin, un cycliste abrité sous une bâche vend des tacos et, sous un parasol publicitaire, une vieille dame grille des épis de maïs, les **elotes**. Une nuée de gamins s'agglutine autour d'elle, en achète et se les partage.

Non loin de là, des ouvriers rentrant du travail s'arrêtent un instant aux stands dominicains. L'heure avance et la rue s'anime d'un seul coup. Nous terminons notre périple 74e rue, dans le plus grand quartier indien de New York. En quelques kilomètres, nous avons voyagé de la Chine à l'Inde, en passant par le Mexique et la République Dominicaine.

JEDER

NIXTAMAL

I
NIXTAMAL

INGRÉDIENTS

- 1 boîte de pousses de cactus, ou 1 petite « raquette » (feuille) de cactus frais, en lamelles de 1 cm, cuits ***al dente*** à l'eau bouillante salée
- 2 tomates coupées en dés
- 1 poivron vert, en petits dés
- 1 oignon émincé
- quelques radis
- 1 petit piment Japaleno
- ½ c. à c. de sel
- le jus d' ½ citron vert
- 1 c. à s. d'huile d'olive
- 3 c. à s. de cotija (fromage mexicain) ou de feta émiettée
- 1 poignée de feuilles de coriandre

CACTUS SALAD

Salade de cactus

Ⓛ—Queens : Jackson Heights

$: 0 – 5 – 10 – 15 (5 à 10)

Ⓐ—Adresse n° 26

À SAVOIR

Si vous utilisez du cactus frais, ne le faites pas trop cuire, ou il deviendrait gluant. Ce sont les conquérants espagnols qui ont rapporté le cactus du Mexique, d'où il s'est répandu en Afrique du Nord.

Quelle découverte ! J'ignorais totalement que le cactus se mangeait !

LA RECETTE

Dans un saladier, mélangez le cactus, les tomates, le poivron, l'oignon et le piment.

Salez, puis arrosez du jus de citron vert et de l'huile d'olive. Remuez à nouveau.

Coupez les radis en rondelles.

Parsemez les miettes de fromage, les rondelles de radis et la coriandre en surface.

Ⓛ—Queens : Jackson Heights

Ⓢ—0 5 10 15

Ⓐ—Adresse n° 26

TAMALE

Papillotes de porc en feuilles de maïs

Cette manière d'effilocher le porc après cuisson est caractéristique de beaucoup de recettes américaines qui en utilisent.

Il est amusant d'essayer d'autres farces. Les végétariens, par exemple, peuvent remplacer le porc par des champignons sautés, bien assaisonnés et finement hachés.

INGRÉDIENTS

- 600 g de poitrine de porc
- 2 l d'eau
- 1 oignon coupé en deux
- 2 gousses d'ail écrasées
- 1 c. à c. de sel
- ½ c. à c. de piment en poudre
- 160 g de farine de maïs blanche (masa harina)
- 1 c. à c. de sel
- 1 c. à c. de levure chimique
- 2 c. à c. de saindoux
- 2 c. à c. de beurre
- 12 cl de bouillon de volaille
- 10 feuilles de maïs séchées (hojas), réhydratées pendant 15 min

LA RECETTE !

Dégraissez la viande avec soin. Mettez-la dans une casserole avec l'ail et l'oignon, versez l'eau et amenez à ébullition. Baissez le feu, couvrez et laissez cuire 2 heures, très doucement.

Égouttez la viande et laissez-la refroidir. Effilochez-la dans un bol, ajoutez le sel et le piment, remuez bien et réservez.

Tamisez la farine dans un autre bol, ajoutez le sel et la levure, puis le saindoux et le beurre et malaxez bien l'ensemble. Versez le bouillon en fouettant à la main.

Placez une feuille de maïs devant vous et posez 2 cuillerées à soupe de la pâte de maïs au centre. Étalez-la uniformément sur toute la surface, jusqu'à 1 cm des bords.

Mettez ensuite 1 cuillerée de porc, sans recouvrir le tour de la pâte.

Enroulez la feuille jusqu'à son milieu, puis repliez les côtés sur la garniture et terminez le rouleau. Liez-le avec une petite ficelle de cuisine.

Faites cuire 1 heure à la vapeur, jusqu'à ce que la feuille se décolle facilement de la pâte.

Les meilleures tamales de New York

À Chelsea, sur la 14e rue, une église new-yorkaise est consacrée à Notre-Dame de Guadalupe, la sainte patronne du Mexique. Chaque dimanche, on y célèbre pas moins de cinq messes (trois en espagnol, deux en anglais) et l'église est toujours bondée.

Et chaque dimanche depuis vingt ans, Marina Vera Luz tient son stand de cuisine sur le parvis, régalant les paroissiens de soupes mexicaines, de tamales et de tortas à l'ancienne. Le stand de Marina est très populaire. « J'ai aussi d'autres clients », explique-t-elle, « des policiers, des pompiers, des employés d'hôtels et de restaurants du quartier et des touristes espagnols ou latino-américains ». Ne vous fiez pas à son sourire modeste, Marina est une rude travailleuse. Elle habite en famille à East Harlem, mais se lève tous les jours à 2 h du matin. « En semaine, je vends des tamales au coin de la 40e rue et de la 8e avenue, tous les matins de 5 h à 8 h », explique Marina. « Le samedi matin, je dors un peu plus longtemps, l'après-midi j'achète tout ce qu'il me faut pour préparer ce que vous voyez là et le soir une amie vient m'aider à faire les soupes, les tamales et les tortas.

Je cuisine avec elle toute la nuit, jusqu'à ce que mon mari vienne charger le van au tout petit matin. Nous arrivons devant l'église à 6 h, mais les clients font déjà la queue pendant que nous déchargeons la marchandise. On vend jusqu'à ce qu'il ne reste rien, en général vers 15-16 h. Là, je suis épuisée et je me couche aussitôt rentrée à la maison, pour me lever de nouveau à 2 h du matin ». Je lui demande si elle prend un dimanche, de temps en temps. « Jamais », répond fièrement Marina. « Qu'il pleuve ou qu'il vente, rien ne peut l'empêcher de venir ici », renchérit Moïse, son mari. Avec un clin d'oeil, il ajoute : « Et je l'accompagne toujours, naturellement ».

Moïse et Marina sont originaires de Mexico. « Nous sommes arrivés à New York en 1987 », se rappelle Moïse. Riony, un Bolivien qui fait la queue au stand, s'en souvient aussi. « Marina fait les meilleurs tamales de la ville », assure-t-il. « Je la connais depuis dix ans. Quand je travaillais près de son stand de la 40e rue, on achetait tous les jours des tamales pour toute l'équipe, chacun son tour. Malheur à celui qui arrivait trop tard, quand tout était déjà vendu ! Maintenant, je vis et je travaille dans le New Jersey, mais j'achète encore des tamales à Marina tous les dimanches, quand je viens voir ma famille à East Harlem. Je crois qu'ils ne me laisseraient pas entrer si je n'en avais pas! »

metro
metro
metro

Street
2
3

L — Queens : Jackson Heights

$ 0 5 10 15

ELOTES

L'exemple typique de street food mexicaine !

ÉPIS DE MAÏS GRILLÉS OU CUITS À LA VAPEUR

INGRÉDIENTS

- 4 épis de maïs, épluchés
- 3 c. à s. de mayonnaise
- le jus de ½ citron vert
- 4 c. à s. de cotija (fromage mexicain) ou de parmesan, râpé
- ½ c. à c. de piment en poudre
- ½ c. à c. de sel
- ¼ c. à c. de cumin en poudre

LA RECETTE !

Placez les épis de maïs dans le panier d'un cuit vapeur, au-dessus de l'eau bouillante, et faites-les cuire 15 minutes.

Dans un récipient haut et étroit, mélangez la mayonnaise et le jus de citron vert. Réservez.

Mélangez le fromage, le piment, le sel et le cumin dans un bol.

Piquez les épis de maïs, en les traversant d'une extrémité à l'autre, sur des brochettes en bois ou en bambou. Roulez-les dans la mayonnaise, puis enrobez-les complètement de fromage.

Servez chaud.

*** À SAVOIR ***

Les esquites sont une variante des elotes. Les épis sont d'abord cuits à l'eau bouillante, puis égrenés. On sert ce maïs en salade, avec une vinaigrette ou de la mayonnaise (ou de la crème aigre), du citron vert, du fromage et du piment.

All Beef Sausages

RITE AID
Foodmart
Photo

LA FACE CACHÉE DE NEW YORK ...

Après quelques mois de travail de documentation à Gand, je retourne à New York, cette fois-ci avec Luk, mon photographe. Avec l'aide de Jacqueline, il s'agit de dénicher les plus belles perles de la street food new-yorkaise, surtout les plus cachées. Les premiers jours, nous nous installons à Red Hook, dans Brooklyn, et explorons le quartier à fond. Nous nous régalons de sandwiches italiens géants chez De Fontes et de magnifiques pains au homard au vivier de Red Hook.

En route maintenant pour le marché de producteurs d'Union Square, par la ligne 5 du métro. L'idée de proposer aux citadins des produits frais locaux est née il y a une trentaine d'années, et aujourd'hui New York compte plus de 70 marchés de producteurs. Celui d'Union Square déborde de tomates bio, de maïs frais et de toutes sortes de choux. Contrairement aux idées reçues, les Américains ne se nourrissent pas que de pizzas, de milk-shakes et de cheeseburgers, comme en témoigne le développement de ces marchés qui correspond à la demande croissante de produits frais et sains. Tout près d' Union Square, il y a une dizaine de food trucks. J'en reconnais quelques-uns, maintenant. Le Morocho de Rafael Samanez, par exemple, et ses recettes péruviennes. La cuisine du Pérou étant considérée comme la meilleure d'Amérique latine, je me laisse tenter. Et comme je suis téméraire, j'essaye les **brochettes de coeur de veau**, avec une sauce à la menthe noire : c'est tendre et tout simplement délicieux. Rafael nous parle de « Vamos Unidos », son projet de fédération de vendeurs de rue, mais le temps nous manque : Jacqueline nous attend au Eataly, nous devons quitter le Morocho

Jacqueline est en train de boire un chocolat chaud, assise sur une chaise de la Ville de New York – une belle initiative de la mairie – devant Eataly, tout près du Flatiron Building. Eataly est un complexe dédié à l'alimentation comme je n'en ai jamais vu. On trouve ici tout ce qui est bon et italien, toutes les formes et toutes les tailles de pâtes, le pecorino sec au poivre et le provolone, la fondante panna cotta et un choix de vins italiens qui fait rêver. Mais pour un cuisinier comme moi, le « boucher de légumes » qui propose de les découper à votre convenance, fait un peu « gadget ». J'essaye encore de m'imprégner de l'esprit de cette caverne d'Ali Baba, quand Jacqueline propose un tour dans le Bronx.

Quelques minutes sur la ligne B, jusqu'à Grand Concourse, dans le South Bronx, et nous marchons jusqu'à Fordham Road. Au coin de Webster Road est installé un petit stand de cuisine dominicaine qui vend des alcapurrias, les beignets de purée de banane plantain fourrés de viande épicée, et des tostones, les rondelles de bananes plantains frites servies avec du salami. Je commande des **papa rellena**, les beignets de pâte de pommes de terre farcis de bœuf. La farce est moelleuse et la sauce piquante la relève agréablement. Puis je goûte un cocktail au nom étrange : **morir soñando**, « mourir en rêvant », une composition de jus d'orange, de lait concentré et de sucre de canne, que la propriétaire prépare elle-même sur place. Elle le frappe au shaker pour le rendre parfaitement onctueux, avant de le verser dans un grand verre de glace pilée ; c'est bon à mourir, comme son nom le suggère. Le doyen de l'université voisine fait la queue avec nous . « C'est la meilleure cuisine dominicaine de tout le quartier », nous assure-t-il en commandant une brochette. Il nous parle alors du stand de Lucia, qu'il fréquente beaucoup pour ses **quesadillas** mexicaines. Inutile d'insister longtemps, nous filons chez Lucia qui a installé son grand kiosque derrière un petit marché à la brocante. Chez elle, les clients s'attaquent aux flocons d'avoine dès le petit déjeuner. Les **burritos au porc en sauce verte** qu'elle nous fait goûter confirment sa fameuse réputation. Heureusement, il nous restait encore un peu d'appétit pour profiter de ces délices !

Nous marchons plus lentement, maintenant, en descendant le boulevard. Sur l'avenue Arthur, nous passons devant quelques restaurants italiens et le bar à huîtres de Cosenza, pénétrons dans le marché couvert... et nous retrouvons en Italie ! À l'entrée, un homme roule des cigares sous les drapeaux américains et italiens qui décorent le plafond et les femmes portent de grands paniers débordants de légumes. L'atmosphère de ce marché, ses odeurs, tout me rappelle la Sicile. Du côté des viandes, un boucher imposant trône au milieu des mortadelles, des jambons de Parme et des salamis des Abruzzes ; on dirait Tony, de la série TV « Sopranos ». Sur les tables du bar, des nappes rayées rouge et blanc. Nous nous asseyons et commandons des expressos, qui donnent un peu de mal au serveur, car la machine a été livrée le matin même et nous l'inaugurons. À son grand soulagement, nous dégusterons quand même d'excellents cafés dans de jolies tasses.

Nous voilà partis à la recherche de la cuisine africaine. J'avais entendu parler, il y a quelque temps, d'un grand marché africain dans le Bronx. Jacqueline propose d'aller vers la 167e rue, mais nous ne trouvons rien. Un Ghanéen malin flaire une bonne opportunité et nous oriente vers un restaurant tenu par sa famille. Les plats sont appétissants, surtout le fufu, une sorte de ragoût qui m'est encore inconnu, mais nous n'avons vraiment plus faim au terme de cette rude journée. Nous reviendrons faire honneur au fufu, c'est promis !

→ suite p. 170

Arthur Ave. Caterers
FOR OVER 45 YEARS
FAX.

96th Anniversary
Feast of San Gennaro
SEPTEMBER 13 - 23, 2012
KIA
KIA MOTORS
GRAND ST
ONE WAY
VINNY'S NUT HOUSE
TORRONE & NUTS
COTTON CANDY
CANDY APPLES
POPCORN

Sur les marchés

En voyage, je fais toujours les marchés : il n'y a rien de mieux pour découvrir la population. J'adore fouiller dans les étals de fruits et de légumes, de fleurs, de pains et de gâteaux, de fromages, de viandes et de poissons, que ce soit dans une petite ville des Ardennes belges, un village des Landes ou un quartier de Bangkok. À New York, je vais régulièrement au marché et je recommande à mes amis de faire de même. Par ce beau dimanche d'octobre, le marché de producteurs d'Union Square est mon préféré. Il y a beaucoup de monde, mais personne ne manifeste de signes d'impatience. Ces lieux sont indéniablement apaisants, on y respire l'air de la campagne et on peut même en ramener un peu chez soi... On dirait que tous les New-Yorkais se sont donné rendez-vous : des femmes semblent sortir tout droit de magazines de mode et des hommes de chez le tailleur ; les nounous noires promènent les enfants blancs, les Indiennes circulent en sari et les ouvriers en bleu de travail. C'est une fête pour les yeux.

Sur un comptoir, je compte plus de 20 variétés de pommes de terre : Lady Rosetta rouges et rondes, grosses Bintje et petites Russian Banana. J'achète de l'oseille, une rareté à New York, sur le stand d'une jeune fille aux joues rouges qui vend une vingtaine d'espèces d'herbes plus ou moins exotiques, en particulier le mizuna et le tatsoi japonais. Un blond aux cheveux longs me tend un verre de poiré ; autour de montagnes de pommes, de poires et de tomates, son étal déborde de chrysanthèmes jaunes, rouille, blancs, pourpres. Un Asiatique dispose artistiquement dans de petits casiers des dizaines de piments aux noms étranges - Hot Portugal, Inferno... Sur une pile impressionnante d'épis de maïs, un panneau signale « les derniers épis frais de l'année ». Les courges leur volent la vedette : Stripetti, Butterneut, Carnival et Delicata sont les stars de l'automne à New York. Le comptoir des poissons est particulièrement animé : « tous nos poissons sont pêchés par notre bateau, le Blue Moon » peut-on lire sur l'enseigne. Au comptoir voisin, on m'offre un morceau de fromage. C'est un délice. « Je le prépare d'après une recette des moines trappistes », me précise le producteur.

À New York, il y a 70 marchés comme celui-ci, mais tous les commerçants n'y ont pas accès et les contrôleurs indépendants sont très stricts. Il faut produire, élever ou fabriquer soi-même tout ce que l'on vend. Tout est bio, les pesticides, les antibiotiques et les OGM totalement interdits. Si de plus en plus de New-Yorkais acceptent de payer un peu plus cher des produits de qualité, ces marchés ne sont pas pour autant un concept élitiste. Dans les quartiers les plus pauvres, comme le South Bronx, les producteurs gâtent tout autant leurs clients avec des produits frais en direct de la ferme. Et sur tous les marchés, même ceux des quartiers chics, on accepte les bons d'alimentation.

Le premier marché de producteurs s'est installé sur un petit emplacement de Manhattan en 1976. Aujourd'hui, les 70 marchés de la ville sont coordonnés efficacement par une association à but non lucratif. Le marché le plus imposant est celui d'Union Square. Le samedi, à la belle saison, on compte jusqu'à 140 stands fréquentés par quelques 60 000 personnes. L'association qui coordonne les marchés gère aussi des stands de jardinage bio, de compostage et de cuisine diététique. Une déchetterie accueille enfin les déchets organiques et les articles textiles dont on veut se débarrasser.

Le succès des marchés de producteurs a conduit la municipalité à lancer en 2008 l'opération « Green Cart Initiative ». Il s'agissait de lutter contre l'obésité en faisant la promotion d'une alimentation saine. Pour cela, la municipalité accordait un contingent de 1000 licences de vente de fruits et légumes dans les quartiers les plus pauvres de la métropole. La Green Cart Initiative a rencontré des difficultés inattendues. Près de 60% des vendeurs ayant obtenu une licence au lancement de l'opération n'ont pas réussi à rendre leur activité viable : trop de concurrence, y compris avec les boutiques « en dur », trop de vols, une météo difficile, une clientèle clairsemée, une police méconnaissant la législation qu'elle est supposée faire respecter. Et les vendeurs de la Green Cart Initiative ne peuvent s'appuyer sur une solide association syndicale comme leurs confrères des marchés de producteurs.

Ⓛ—Manhattan : Union Square

Ⓢ 0 5 10 15

Ⓐ—Adresse n° 24

Le Proche-Orient a les kebabs, les Grecs font les slouvakis et les Indonésiens des brochettes satay. Les Péruviens appellent anticuchos ces brochettes de cœur de veau ou de bœuf. Anticuchos de corazón!

VEAL HEART SATAY

Brochettes de coeur de veau

INGRÉDIENTS

- 4 gousses d'ail écrasées
- 3 c. à s. de feuilles de coriandre finement ciselées
- 3 c. à s. de cumin en poudre
- 3 piments séchés, réhydratés, sans les graines et finement hachés
- 1 c. à c. de sel
- 1 c. à c. de poivre blanc
- 20 cl de vinaigre de vin rouge
- 12 cl d'huile végétale
- 1 kg de cœur de veau ou de bœuf, en cubes de 2 ou 3 cm
- 20 brochettes en bois ou en bambou, trempées pendant 30 min

LA RECETTE !

Dans un mortier, écrasez la coriandre, le cumin, le piment, le sel et le poivre en pommade épaisse et homogène. Délayez avec le vinaigre et l'huile.

Versez cette marinade sur la viande, dans un plat creux, remuez bien et laissez mariner 30 minutes.

Égouttez la viande et réservez la marinade. Enfilez les cubes par 4 sur les brochettes.

Enduisez-les de marinade et faites-les griller 30 secondes dans une poêle gril très chaude ou au-dessus d'une braise bien incandescente. Retournez-les, badigeonnez-les à nouveau de marinade et faites griller encore 30 secondes.

Accompagnez de sauce à la menthe noire (recette page 137), de quelques feuilles de salade et de maïs bouilli.

À SAVOIR

On termine en général ces brochettes par une petite pomme de terre cuite à l'eau ou un morceau de pain, glissés après les cubes de viande.

FARM FRESH
YOGURT
Grass Fed Cows
Eggs
Sale

BLACK MINT SAUCE

Sauce à la menthe noire

Le rêve avec des brochettes !

À SAVOIR

Il existe des centaines de variétés de menthe. La menthe noire, proche de la menthe poivrée, est très forte et parfois confondue avec la huacatay, une herbe aromatique péruvienne assez piquante. Si vous n'en trouvez pas, remplacez-la par de la menthe poivrée.

INGRÉDIENTS

- 200 g de feuilles de menthe noire
- 2 piments rouges séchés, réhydratés pendant 10 minutes
- 200 g de cotija (fromage mexicain) ou de feta émiettée
- 3 gousses d'ail sommairement hachées
- 17,5 cl de lait concentré non sucré
- 1 c. à c. de jus de citron vert
- sel

LA RECETTE !

Réunissez tous les ingrédients dans le bol d'un robot et mixez finement. Salez, en goûtant plusieurs fois.

Servez avec une viande grillée.

PAPA RELLENA

CROQUETTES DE POMMES DE TERRE FARCIES

De Cuba au Pérou, en passant par le Mexique, il existe toutes sortes de ces croquettes. C'est l'une des recettes offrant le plus de variantes.

(L)—Bronx : Belmont

($) 0 5 10 15

(A)—Adresse n° 02

LA RECETTE !

Faites cuire les pommes de terre 20 minutes à l'eau bouillante salée. Écrasez-les au presse-purée. Ajoutez les œufs et le sel, laissez refroidir et mettez au réfrigérateur.

Pour la farce, faites fondre doucement l'oignon et l'ail avec l'huile. Quand ils sont tendres, ajoutez le bœuf et faites-le revenir en remuant à feu plus vif. Ajoutez les épices et salez. Laissez refroidir.

Prenez 2 cuillerées à soupe de purée dans la paume de la main, creusez le centre avec le doigt et mettez-y une cuillerée à soupe de farce. Recouvrez d'un peu de purée, puis roulez la boulette entre les mains.

Roulez les boulettes dans la chapelure et faites-les frire jusqu'à ce qu'elles soient bien dorées.

Accompagnez de sauce piquante.

INGRÉDIENTS

- 1 kg de pommes de terre épluchées
- ¼ c. à c. de sel
- 2 œufs légèrement battus
- chapelure
-

Farce
- 2 c. à s. d'huile végétale
- 1 oignon finement haché
- 3 gousses d'ail finement hachées
- 500 g de bœuf haché
- 1 c. à c. de cumin
- 1 c. à c. de paprika
- ½ c. à c. de piment en poudre
- ½ c. à c. de sel

*** À SAVOIR ***

Vous pouvez incorporer à la farce des œufs durs hachés, des raisins secs ou des olives.

SABRETT
Empana de Yuca
Quipe
Papa

« Mourir en rêvant », quel nom magnifique pour une boisson !

L — Bronx : Belmont

$ — 0 5 10 15

A — Adresse n° 02

MORIR SOÑANDO

Milk-shake dominicain à l'orange

INGRÉDIENTS

- 30 cl de lait concentré non sucré
- 3 c. à s. de sucre en poudre
- 1 poignée de glaçons
- 20 cl de jus d'orange frais

LA RECETTE !

Faites fondre le sucre dans le lait chaud en remuant bien, puis mettez à refroidir au réfrigérateur.

Ajoutez les glaçons, remuez à nouveau, puis versez le jus d'orange. Mélangez bien avant de servir.

Pour réaliser cette recette vous pouvez utliser un blender.

*** À SAVOIR ***

Vous pouvez remplacer le jus d'orange par du jus de fruit de la Passion, ou associer moitié jus d'orange, moitié jus de citron vert.

INGRÉDIENTS

- 1 l d'eau
- 2 blancs de poulet
- 1 c. à s. d'huile végétale
- 1 oignon finement haché
- 1 gousse d'ail finement hachée
- 1 c. à s. de paprika
- ¼ c. à c. de cumin
- ¼ c. à c. de piment en poudre
- ¼ c. à c. de sel
- 8 tortillas
- 500 g de cheddar râpé

QUESADILLAS

Tortillas garnies de poulet et fromage

Queso + tortilla = quesadilla

LA RECETTE !

Faites bouillir l'eau dans une casserole. Baissez le feu, plongez-y les blancs de poulet et faites-les cuire quelques instants, juste à cœur. Égouttez-les. Conservez le bouillon pour une autre utilisation. Rincez rapidement le poulet à l'eau froide, puis effilochez finement la chair.

Faites revenir l'oignon et l'ail dans l'huile chaude, à la poêle, jusqu'à ce qu'ils soient tendres. Ajoutez le cumin, le paprika et le piment.

Ajoutez le poulet, salez et remuez. Retirez le mélange de la poêle et réservez.

Laissez la poêle à feu doux et posez-y une tortilla. Étalez 3 cuillerées à soupe de poulet sur une moitié de la crêpe et parsemez 2 cuillerées à soupe. de fromage râpé dessus. Repliez la tortilla sur cette garniture et pressez pour bien souder les bords. Couvrez et faites cuire 2 minutes. Retournez la tortilla, couvrez à nouveau et poursuivez la cuisson jusqu'à ce que le fromage soit complètement fondu.

Coupez chaque quesadilla en trois. Accompagnez d'une salade, d'avocat ou de guacamole.

(L)—Bronx : Columbus Square

($) 0 5 10 15

(A)—Adresse n° 03

Les véritables quesadillas sont faites de cette manière, mais garnies uniquement de fromage. La tortilla est repliée sur de l'Oaxaca, un fromage filé mexicain, assez proche de la mozzarella, puis ce chausson est frit ou grillé. Le terme désigne aujourd'hui tous les sandwiches faits avec des tortillas dont la garniture comporte du fromage.
Les sincronizadas sont fourrées de la même manière, mais composées de deux tortillas posées à plat, la garniture entre les deux.
On peut remplacer la viande par des champignons ou les associer.

INGRÉDIENTS

- 2 oignons finement hachés
- 1 gousse d'ail finement hachée
- 2 ou 3 c. à s. d'huile végétale
- 500 g de bœuf tendre, en cubes d'environ 1 cm
- ½ c. à c. de cumin en poudre
- 1 c. à c. d'origan séché
- 2 c. à c. de piment en poudre
- 500 g de riz cuit
- 1 poignée de feuilles de coriandre ou de persil plat, sommairement ciselées
- 6 à 8 tortillas

Garniture
- Guacamole
- Crème aigre

(L) Bronx : Columbus Square

($) 0 5 10 15

(A) Adresse n° 03

Dans le Bronx, Lucia a insisté pour que nous goûtions ce plat dont elle est très fière, sans vouloir nous faire payer. Mais après ce réel moment de plaisir, ce fut une joie de garnir sa cagnotte.

BEEF BURRITO

Burrito de boeuf

LA RECETTE !

Faites revenir l'un des oignons et l'ail à feu doux, avec l'huile. Augmentez un peu le feu, ajoutez le bœuf, le cumin, l'origan et le piment et laissez cuire environ 2 minutes, jusqu'à ce que la viande soit légèrement dorée. Retirez-la de la poêle.

Ajoutez le second oignon, un peu d'huile supplémentaire si nécessaire, et laissez-le fondre à feu doux. Ajoutez le riz et faites revenir quelques minutes, en remuant jusqu'à ce qu'il soit joliment coloré.

Ajoutez la viande, la coriandre ou le persil, mélangez rapidement et retirez du feu.

Posez une tortilla sur une planche, étalez 5 cuillerées du mélange viande-riz sur une moitié de la crêpe, puis enroulez-la autour, en repliant les extrémités vers le centre pour bien envelopper la garniture. Répétez l'opération avec les autres tortillas.

Faites cuire les tortillas 10 minutes dans le four préchauffé à 180°C (th.6).

Accompagnez de guacamole et crème aigre.

*** À SAVOIR ***

On garnit aussi les burritos avec des haricots rouges, seuls ou mélangés à du riz. Après les avoir cuits et égouttés, on les fait revenir avec du bacon ou des lardons, et parfois des oignons et de l'ail. On les écrase ensuite en purée grossière.

LEFT LANE MUST TURN LEFT
LAVA NEW YORK
LAVA NEW YORK
LAVA NEW YORK
TATTOO
TATTOOS

L — Bronx : Columbus Square

$ — 0 5 10 15

A — Adresse n° 03

PORK RIBS

IN GREEN SAUCE

Travers de porc à la sauce verte

Cette sauce évoque un peu un curry, mais sans nécessiter de préparation et de mélanges compliqués.

LA RECETTE !

Faites bien dorer les travers de tous côtés, dans une sauteuse, avec l'huile. Retirez-les et remplacez-les par l'oignon et l'ail, en rajoutant un peu d'huile si nécessaire.

Ajoutez les tomates, le piment, et laissez cuire jusqu'à ce qu'ils soient tendres. Versez l'eau. Remettez les travers dans la sauteuse et faites mijoter environ 45 minutes à feu doux.

Quand la viande est bien tendre, salez, ajoutez la coriandre et remuez délicatement.

Accompagnez de riz.

INGRÉDIENTS

- 2 c. à s. d'huile végétale
- 1 kg de travers de porc, coupés en morceaux
- 1 oignon finement haché
- 2 gousses d'ail finement hachées
- 500 g de tomatilles (ou de petites tomates vertes), pelées et coupées en dés
- 2 piments Japaleno
- 75 cl d'eau
- 1 poignée de feuilles de coriandre finement ciselées
- 1 c. à c. de sel

* À SAVOIR *

Au Mexique, la tomatille est communément appelée tomate verte. C'est une plante de la même famille que la tomate courante, l'aubergine et le poivron, dont la fleur, la nuit seulement, exhale une odeur puissante. Sa saveur est à la fois douce et amère. Associée au piment, c'est la base de la salsa verde.

Maria's Taco
Shakes

Maria's
Shakes
SMOOTHIES

POSOLE

Soupe mexicaine au porc

(L)—Manhattan : Chelsea

($) 0 5 10 15

(A)—Adresse n° 01

Ce plat, dégusté sur les marches d'une église mexicaine de Chelsea, est l'un des plus mémorables souvenirs de mon séjour new-yorkais.

INGRÉDIENTS

- 1 oignon finement haché
- 2 gousses d'ail, pelées et écrasées
- 2 c. à s. d'huile végétale
- 1 c. à c. de poivre blanc
- ½ c. à c. d'origan
- ½ c. à c. de piment en poudre
- ½ c. à c. de cumin en poudre
- 800 g de poitrine de porc
- 1 l d'eau
- 700 g de grains de maïs nixtamalisés (débarrassés de leur peau dure)
- 2 piments verts finement hachés
- 1 c. à c. de sel
- 1 poignée de feuilles de coriandre finement ciselées

Pour servir

- quartiers de citron vert
- sauce piment

LA RECETTE !

Faites revenir l'oignon et l'ail quelques minutes avec l'huile, dans une casserole. Ajoutez le poivre, l'origan, le piment en poudre et le cumin, remuez, puis posez la viande sur ce mélange et versez l'eau. Portez à frémissements et laissez mijoter 45 minutes à feu doux, en écumant régulièrement la surface.

Égouttez le porc. Filtrez le bouillon de cuisson dans un grand bol, en plaçant une étamine dans la passoire pour retenir toute la graisse. Reversez-le dans la casserole, ajoutez les grains de maïs et faites repartir l'ébullition. Laissez mijoter doucement pendant encore 1 heure.

Coupez la poitrine de porc en petites bouchées. Mettez-les dans le bouillon avec le piment haché et salez à votre goût.

Ajoutez la coriandre avant de servir.

Ce plat remonte aux Aztèques, qui le préparaient pour leurs fêtes rituelles.

New York, la ville des huîtres

Jasper Danckaert, un Hollandais qui explora en 1679 et 1680 la région de New York, affirme avoir vu des huîtres de 30 cm, des homards de plus d'un mètre de long et des dindes sauvages de 20 kg. Sa description de ce pays de cocagne est rapportée dans « The Big Oyster », de Marc Kurlansky, une histoire de New York, parue en 2006, qui se confond avec celle de ses huîtres.

Jusque dans les années 30, les bivalves eurent en effet une importance considérable pour New York, pas seulement du point de vue culinaire. On en mange toujours énormément dans la métropole, mais on n'en pêche plus dans l'embouchure de l'Hudson et elles sont beaucoup plus chères qu'autrefois.

Crassostrea virginica, l'espèce indigène de la façade atlantique américaine, prospère dans les eaux saumâtres des estuaires. Jadis, elles croissaient en nombre dans l'Hudson jusqu'à 100 kms de l'embouchure du fleuve, dans l'East River et le long des côtes du Queens, de Brooklyn, de Staten Island et du New Jersey. Les huîtres étaient tellement abondantes sur les deux îles de la baie de New York que les Hollandais les avaient baptisées « Grande île des huîtres » et « Petite île des huîtres », aujourd'hui respectivement Liberty Island (où est édifiée la statue de la Liberté) et Ellis Island. Certains historiens estiment qu'à l'époque où les Hollandais fondèrent la Nouvelle-Amsterdam, la baie de New York contenait la moitié des huîtres du monde !

Les Indiens se nourrissaient déjà d'huîtres bien avant que les Européens n'arrivent sur leurs côtes. Les montagnes de coquilles d'huîtres trouvées un peu partout à New York en témoignent, les plus anciennes ayant été datées de 7 000 ans avant Jésus-Christ. Les premiers Européens ramassaient les huîtres à pied avant même de les pêcher en bateau. Les caves à huîtres étaient nombreuses à New York, repérables à leur lanterne rouge. On y achetait des coquillages bon marché et l'on y fréquentait des prostituées, elles aussi bon marché. À chaque coin de rue se tenaient de petites échoppes où l'on grillait ou faisait frire les coquillages. Les amateurs d'huîtres crues les achetaient sur les marchés de plein air de Fulton et de Washington.

Les huîtres étaient tellement bon marché qu'on avait coutume de dire que « les pauvres, à New York, ne se nourrissent que de pain et d'huîtres ». Au XIXe siècle, des restaurants proposaient le menu « Canal Street Special » : pour 6 cents, on pouvait se remplir la panse de coquillages en provenance des innombrables caves à huîtres de Canal Street. Mais les riches aussi les appréciaient énormément, servies dans les restaurants les plus chics, comme à l'occasion des grands banquets. La réputation des huîtres de New York était telle que le monde entier en voulait, jusqu'à Londres et San Francisco. À ceux qui partaient pour New York, on lançait en guise d'au revoir « profitez bien des huîtres ! »
Cette consommation effrénée commença malheureusement à faire baisser le stock de la baie dès le début du XIXe siècle. On repeupla donc les bancs avec du naissain de la baie de Chesapeake, au sud de New York. La plupart des esclaves affranchis, venus du Maryland et de Virginie travailler à ce repeuplement, se fixèrent à New York, parce qu'ils s'y sentaient mieux que dans le Sud. Ils pêchaient et tenaient les caves à huîtres.

C'est la pollution qui devait sonner le glas des huîtres de New York, les eaux usées et les déchets industriels étant déversés sans retenue dans la baie. En 1927, les autorités de la ville firent fermer le dernier banc d'huîtres de Rarity Bay, à Staten Island.

Depuis, New York est entrée dans l'ère post-industrielle. La baie a retrouvé une eau de meilleure qualité, où les huîtres peuvent vivre. Leur élevage est encore au stade expérimental, les taux de métaux lourds et de PCB présents dans l'eau étant encore trop élevés. Mais les huîtres elles-mêmes purifient l'eau. Autre bonne raison de relancer l'élevage des huîtres, les bancs forment des barrages naturels contre les tempêtes. La ville en a pris conscience quand l'ouragan Sandy a déferlé sur New York, en octobre 2012. À eux seuls, les bancs d'huîtres n'auraient certainement pas totalement préservé la ville des dégâts, mais ils auraient participé à sa protection. Leur développement est un élément important de la défense contre les futures tempêtes.

Les huîtres de New York à la carte des restaurants, ce n'est pourtant pas pour demain. En attendant, les citadins se régalent d'huîtres élevées sur les côtes de Long Island et de Rhode Island, du Maine et de l'Île-du-Prince-Edward, au tout proche Canada. Sous les voûtes centenaires de Grand Central Terminal, le célèbre Oyster Bar sert plus de trente variétés d'huîtres et notamment la poêlée à la crème préparée selon la recette originale du début du siècle dernier. Au Lobster Place, la grande poissonnerie du marché de Chelsea, l'assortiment d'huîtres est tout aussi impressionnant. Et sur les marchés de Smorgasburg à Williamsburg et de New Amsterdam à South Street Seaport, on se fait ouvrir les huîtres à l'instant, pour les déguster debout au comptoir, à l'ancienne.

OYSTER PAN ROAST

Toasts grillés aux huîtres

Il fut une époque où les huîtres locales abondaient à New York.
Et il y avait une multitude de façons de les préparer.

INGRÉDIENTS

- 8 à 10 huîtres, sorties des coquilles
- 2 c. à s. de beurre
- 2 c. à s. d'eau d'huître ou de palourde
- 1 c. à s. de sauce piquante
- 1 c. à c. de sauce Worcestershire
- une pincée de sel de céleri (selon le goût)
- 12,5 cl de crème
- 2 tranches de pain de mie grillé, coupées en triangles dans la diagonale
- 1 c. à s. de beurre
- paprika

LA RECETTE !

Mettez le beurre à fondre dans une casserole et ajoutez les huîtres. Versez l'eau d'huître ou de palourde, la sauce pimentée, la sauce Worcestershire et le sel de céleri.

Mélangez bien et laissez à feu modéré jusqu'à ce que le liquide frémisse et que le bord des huîtres commence à se rétracter.

Ajoutez la crème et faites juste repartir l'ébullition. Répartissez dans des assiettes creuses et disposez les toasts.

Ajoutez une noisette de beurre et saupoudrez de paprika.

Servez aussitôt.

(L) — Manhattan : Grand Central

($) — 0 5 10 15 (5–10)

(A) — Adresse n° 10

*** À SAVOIR ***

Au Grand Center Oyster Bar de New York, on fait encore ces toasts tous les jours, selon la même recette. Ils sont exactement identiques à ceux que l'on servait quand le restaurant a ouvert, en 1913.

PIZZA

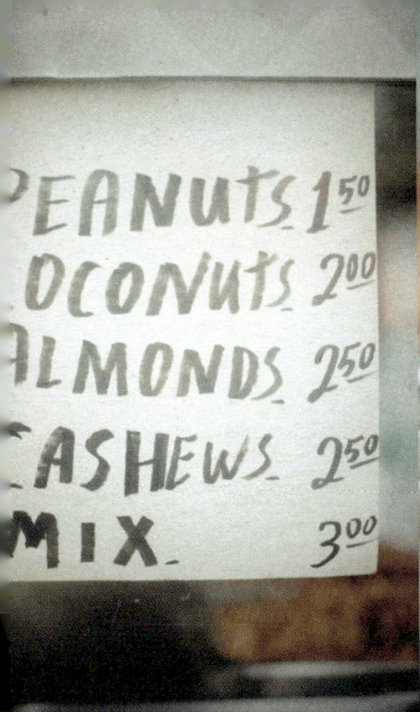
PEANUTS 1.50
OCONUTS 2.00
LMONDS 2.50
ASHEWS 2.50
MIX 3.00

The Pickle Guys
NEW YORK, NY

NUTS 4 NUTS

NYC
Loves
STREET COFFEE

La patate douce a d'excellentes qualités nutritives. On peut la cuire à l'eau, au four ou la frire, et la cuisiner en purée, en soupes, en currys ou même en pâtisserie. Elle fait partie des traditions de Thanksgiving.

L — Manhattan : Harlem

$ — 0 5 10 15

A — Adresse n° 04

INGRÉDIENTS

- 2 patates douces moyennes
- fleur de sel
- poivre du moulin
- beurre

LA RECETTE !

Préchauffez le four à 200°C (th.6-7). Piquez les patates douces sur toute leur surface, avec une fourchette.

Glissez-les dans le four et faites cuire 1 heure, jusqu'à ce qu'elles soient tendres. Vérifiez en piquant une pointe fine dans la chair. Coupez les patates en deux dans la longueur. Servez-les avec du beurre et de la fleur de sel.

Accompagnez ces patates douces de chou collard (recette page 160).

Astuce : les Yams peuvent être cuits au micro-ondes, pour cela piquez au préalable les patates avec une fourchette sur toute leur surface.

YAMS

Patates douces

Les Américains appellent très souvent « ignames » les patates douces, alors que ce sont deux légumes distincts. L'igname, qui pousse en Afrique et en Asie, est plus charnue et plus farineuse. Mais les deux se ressemblent, ce qui explique que les immigrés africains leur aient donné le même nom et qu'on leur attribue aujourd'hui indifféremment l'un ou l'autre. La patate douce est très utilisée dans la cuisine afro-américaine, où sa saveur est souvent encore accentuée avec du sucre brun. Il en existe deux sortes : l'une relativement farineuse et de goût plus marqué, l'autre moelleuse et plus sucrée.

INGRÉDIENTS

- 1 oignon moyen haché
- 12,5 cl d'huile d'olive
- 2 gousses d'ail
- 2 l d'eau
- 500 g de viande fumée (jambon, bacon, ailerons ou cuisses de dinde)
- 1 c. à s. de Tabasco
- 1 c. à c. de sel
- 3 grosses bottes de feuilles de chou collard (vous pouvez remplacer par des feuilles de chou frisé ou de rapini, de moutarde, de navets ou de betterave, de bettes ou d'épinards, les deux derniers cuisant plus vite)
- 1 c. à s. de beurre

(L) Manhattan : Harlem

($) 0 5 10 15

(A) Adresse n° 04

COLLARD GREENS *Chou collard*

★★★

Dans les États du Sud des États-Unis, il est coutumier de servir des légumes verts de saveur plus marquée avec le jambon et, d'une manière générale, le porc demi-sel ou fumé. Aujourd'hui, les cuisiniers privilégient de plus en plus la dinde fumée, dont la viande est moins grasse. Ce chou, typique de la cuisine afro-américaine, accompagne aussi bien les deux.

LA RECETTE !

Faites revenir l'oignon 2 minutes dans l'huile d'olive en remuant à la cuillère en bois. Ajoutez l'ail. Faites cuire encore 1 ou 2 minutes, toujours en remuant, sans le laisser colorer. Ajoutez l'eau et la viande, le Tabasco, salez et portez à ébullition. Laissez cuire environ 1 heure à petits frémissements.

Lavez bien les feuilles de chou. Retirez les tiges et les nervures des plus grosses. Empilez 6 à 9 feuilles et roulez-les. Recoupez en petits rouleaux d'environ 1,5 cm chacun.

Répartissez-les autour de la viande et ajoutez le beurre. Couvrez et laissez mijoter 45 à 50 minutes à frémissements, en remuant de temps en temps.

Sortez la viande de la cocotte et retirez l'os. Effilochez-la et remettez-la avec le chou, en mélangeant bien. Assaisonnez.

Le chou collard fait partie de la famille des choux et brocolis. On en mange aussi au Brésil, au Portugal, dans les Balkans, en Afrique et en Inde.

Préparé avec des haricots cornilles (les black-eyes peas) et servi avec du pain de maïs (recette page 168), le chou collard est traditionnel du nouvel an afro-américain. Ce plat est supposé porter bonheur, car ses feuilles roulées ressemblent à des billets verts. On trempe le pain de maïs dans le jus de cuisson très nourrissant du chou. Certains ajoutent 1 cuillère à soupe de sucre à l'eau de cuisson avant d'y mettre les feuilles. D'autres un peu de poivre et de vinaigre au moment de servir.

125 ST
MARTIN LUTHER KING
BOULEVARD

THEO. F. TONE & CO.
HARLEM OFFICE
2314
Bet. 124
Sts.
DON'T BLOCK THE BOX
FINE +2 POINTS
M100 EAST HARLEM 2 AV-125 ST
129
4358
2 BROKE GIRLS
MONDAYS NEW TIME 9PM CBS
M-5738B

OKRA AND TOMATOES

Gombos à la tomate

Le gombo est une plante tropicale dont le fruit comestible est consommé dans toute l'Amérique, au Moyen-Orient et en Afrique. C'est un ingrédient important de la cuisine afro-américaine du Sud.

LA RECETTE !

Faites revenir l'ail, l'oignon et le poivron une dizaine de minutes avec l'huile, jusqu'à ce qu'ils soient bien tendres.

Ajoutez le reste des ingrédients et laissez cuire encore 5 minutes, en remuant souvent.

(L)—Manhattan : Harlem

($) 0 5 10 15

(A)—Adresse n° 04

INGRÉDIENTS

- 1 gousse d'ail hachée
- 100 g d'oignon haché
- 100 g de poivron vert haché
- 2 c. à s. d'huile d'olive
- 400 g de gombos émincés
- 500 g de tomates, pelées et émincées
- ¼ c. à c. d'origan séché
- sel et poivre du moulin

*** À SAVOIR ***

Le gombo est riche en fibres, en vitamines B et C, en antioxydants, en calcium et en potassium. Toute la plante étant comestible, ses ressources culinaires sont nombreuses. Les fruits peuvent être frits, sautés ou même farcis et cuits au four. Associés avec les feuilles, on en fait des soupes et des ragoûts, comme le gumbo, plat emblématique de la Louisiane. On disait même que les graines grillées donnaient un succédané acceptable de café.

Soul

MACARONI & CHEESE

Macaronis au fromage

Les macaronis au fromage sont un des plats préférés des Américains pour leur côté réconfortant et convivial. Faciles à faire et évoquant immanquablement l'enfance, ils sont populaires auprès de toutes les générations. Ils rappellent aussi le Sud des États-Unis, où ils accompagnent souvent les barbecues et figurent toujours aux menus des restaurants afro-américains.

INGRÉDIENTS

- 250 g de macaronis
- 3 c. à s. de beurre
- 3 c. à s. de farine
- 75 cl de lait
- 1 c. à c. de gros sel
- ½ c. à c. de paprika
- 1 feuille de laurier
- poivre du moulin
- 1 œuf
- 300 g de cheddar sec râpé

Pour gratiner

- 3 c. à s. de beurre
- 150 g de chapelure

* À SAVOIR *

On peut ajouter un oignon finement haché, ou mélanger plusieurs fromages. Ou encore remplacer un peu du lait par de la bière et arroser d'un peu d'huile truffée.

LA RECETTE !

Préchauffez le four à 180°C (th.6).

Faites cuire les macaronis *al dente* dans un grand volume d'eau bouillante salée.

Mettez le beurre à fondre à feu moyen, dans une autre casserole. Ajoutez la farine en fouettant pour ne pas laisser de grumeaux, puis, sans cesser de fouetter, versez lentement le lait et faites épaissir le mélange.

Salez, ajoutez le paprika, le laurier et poivrez. Faites cuire encore environ 5 minutes, à feu très doux, en remuant. Retirez le laurier.

Dans un bol, mélangez l'œuf avec un peu de la sauce, puis versez-le dans la béchamel. Ajoutez les ¾ du fromage, remuez bien et mélangez les macaronis à cette préparation. Étalez-les dans un plat à gratin et parsemez le reste du fromage en surface.

Faites fondre le reste du beurre dans une poêle, ajoutez la chapelure et remuez pour bien l'en enrober. Étalez le mélange sur le plat de macaronis. Enfournez pour 30 minutes.

(L) Manhattan : Harlem

($) 0 5 10 15

(A) Adresse n° 04

CORNBREAD

PAIN DE MAÏS

Le pain de maïs est l'une des bases de la cuisine afro-américaine. Depuis des millénaires, cette céréale est un aliment essentiel des Américains et les immigrés du Sud leur ont appris comment elle pouvait remplacer le blé. On cuit le pain de maïs au four, à la vapeur, ou on le frit. Il porte différents noms, selon la manière dont il est préparé : cornpone – sous forme de muffins ou de petits gâteaux-, johnny cakes – petites galettes frites -, hush puppies –boulettes frites-, par exemple.

INGRÉDIENTS

- 120 g de farine de froment
- 1 c. à s. de levure chimique
- ½ c. à c. de sel
- 180 g de farine de maïs
- 1 c. à s. de sucre en poudre
- 2 œufs
- 25 cl de lait
- 15 cl d'huile végétale

LA RECETTE !

Préchauffez le four à 200°C (th.6-7).

Dans un grand bol, mélangez les deux farines, la levure, le sel et le sucre.
Dans un autre, battez les œufs avec le lait et l'huile.
Versez-les sur les farines et malaxez vivement jusqu'à obtenir une pâte souple et homogène.

Versez la pâte dans un moule carré de 25 cm, préalablement graissé.
Faites cuire 20 minutes, jusqu'à ce que la surface soit très dorée.

*** À SAVOIR ***

En général, on sucre moins le pain de maïs dans le Sud que dans le Nord. Très souvent on en farcit la dinde de Thanksgiving. Il existe des versions plus complètes, agrémentées de morceaux de bacon, de piments Japaleno, de ciboules, de fromage, de cumin ou de « cracklings » (petits dés croustillants de couenne de porc frite, vendus tout prêts). On peut remplacer le lait par de la crème liquide et ajouter des grains de maïs à la pâte.

››››››››››

Ⓛ—Manhattan : Harlem

Ⓢ 0 5 10 15

Ⓐ—Adresse n° 04

LA FACE CACHÉE DE NEW YORK ...

Jacqueline nous invite à séjourner chez elle, ce qui paraît une excellente idée, car nous nous entendons bien et pourrons ainsi travailler beaucoup plus facilement. Nous déménageons donc de Red Hook, Brooklyn, à Staten Island où habite Jacqueline. Par un beau dimanche, elle nous emmène 14e rue ouest, à un petit festival de cuisine qui se tient sur le parvis d'une église. Sur un stand improvisé avec des cartons, une famille mexicaine prépare des tacos, des salsa et des bols de bouillon sous un parasol marqué « soft pretzels ». L'aîné des enfants nous suggère d'essayer le **pozole**, un riche bouillon de viande de porc, servi avec du citron vert et une sauce pimentée. C'est tout simple et délicieux. Mon espagnol étant très approximatif, je dois m'aider de l'Iphone du jeune garçon pour assimiler la recette. Le pozole nous ramène à l'époque des Aztèques, pour lesquels c'était un plat de cérémonie. Le père est heureux de voir à quel point nous apprécions sa cuisine. Il faut dire que la saveur remarquable de sa sauce pimentée reflète tout l'amour mis à la faire. En bavardant avec lui, je me sens heureux, empreint d'un bonheur simple.

Le métro n'est pas loin. Nous filons vers la 125e rue, à Harlem, découvrir la soul food, la cuisine des afro-américains de New York. À la cafétéria Manna's, nous composons notre déjeuner. Sur le buffet éclairé de jaune vif, d'innombrables petits plats joliment présentés dans des barquettes d'aluminium. Nous choisissons des **patates douces, des choux verts, des gombos et des tomates, des macaronis au gratin**, un morceau de **pain de maïs** et allons nous installer sur un banc, dans le parc qui fait face à Manna's. Les gens du quartier apprécient de nous voir déballer notre repas. De notre côté, nous avons eu, une fois de plus, les yeux plus grands que le ventre. C'est délicieux, mais nous ne parviendrons jamais à tout terminer. Jacqueline emballe soigneusement ce qui reste, pour en faire profiter son compagnon.

Un peu plus tard, Jacqueline nous présente Véronica, une vieille Jamaïcaine éternellement souriante. Son chariot est installé près du Wall Street Plaza, building au centre de Manhattan. Veronica nous fait goûter son **pot-au-feu de queue de bœuf épicé**, en cherchant à me faire deviner les épices qu'elle y a mises. Dans une boîte à hamburger, elle nous sert un poulet mariné au piment de la Jamaïque et à la ciboule, accompagné de riz et de sauce pimentée maison. C'est un festival de saveurs fortes ! Je commande un sorrel, le soda maison des Jamaïcains, pour me rafraîchir un peu. Il y a une pointe de cannelle dans celui de Veronica...

Le food truck Bistro est tout près. Luk y commande un **tajine végétarien** et Jacqueline, qui aime la cuisine grecque, une assiette de **souvlakis** et une **salade de feta**. Sur moins de cent mètres carrés, nous avons goûté trois cuisines du monde.

→ suite p. 192

DEFONTE'S
SANDWICH SHOP

TIPS

INGRÉDIENTS

- 1 kg de morceaux de queue de bœuf
- 2 c. à s. de beurre
- 2 c. à s. d'huile végétale
- 4 oignons finement hachés
- 3 carottes, en grosses rondelles
- 1 poivron vert finement haché
- 2 gousses d'ail finement hachées
- 1 c. à s. de paprika
- 1 c. à s. de sel
- 4 branches de thym frais
- 2 c. à s. de poivre de la Jamaïque
- ½ c. à c. de cannelle en poudre
- 1 c. à c. de noix de muscade râpée
- ½ c. à c. de gingembre en poudre
- 2 c. à s. de sauce brune jamaïcaine
- 1 l d'eau
- 4 clous de girofle

Sauce brune jamaïcaine

- 60 cl de bouillon de volaille ou de bœuf
- 27,5 cl de sauce soja
- 27,5 cl de Xérès sec
- 200 g de sucre brun
- 4 clous de girofle
- 2 étoiles de badiane
- 2,5 cm de gingembre frais pelé et râpé

L — Manhattan : Financial District

$ — 0 5 10 15

A — Adresse n° 06

OXTAIL STEW

QUEUE DE BOEUF BRAISÉE

La queue de bœuf est un morceau particulièrement savoureux, qui réclame une longue cuisson à chaleur douce.

LA RECETTE !

Mettez tous les ingrédients de la sauce brune dans une casserole à fond épais et portez doucement à ébullition. Faites réduire environ 30 minutes. Réservez. Dégraissez les morceaux de viande. Rincez-les à l'eau fraîche et séchez-les.

Mettez le beurre à fondre dans une sauteuse et faites revenir les morceaux de viande à feu moyen, en les colorant bien de tous côtés. Réservez.

Faites fondre l'oignon avec l'huile, dans une autre sauteuse. Quand il est tendre, ajoutez les carottes, le poivron et l'ail. Laissez cuire encore quelques minutes.

Ajoutez le paprika, le sel, le thym, le piment de la Jamaïque, la cannelle, la noix de muscade et le gingembre moulu. Mélangez bien, puis ajoutez le boeuf et la sauce brune. Versez l'eau et amenez doucement à ébullition. Couvrez et laissez mijoter 2 heures 30 à feu très doux, en remuant de temps en temps.

Accompagnez de riz.

JERK CHICKEN

Poulet jamaïcain

Le « jerk » est un plat emblématique de la Jamaïque, dont le nom désigne à la fois le mélange d'épices et la recette. La cuisson du poulet se fait aussi au four ou sur la braise.

LA RECETTE !

Coupez le poulet en deux, puis en morceaux plus petits. Mettez-le dans un plat creux, arrosez du jus de citron et laissez reposer pendant 1 heure.

Préparez la marinade : mettez toutes les épices dans un mortier avec les oignons, les piments et le thym, puis écrasez l'ensemble au pilon pour obtenir une pommade épaisse. Délayez-la avec le vinaigre, l'huile et le rhum.

Versez le mélange sur le poulet, remuez plusieurs fois les morceaux pour bien les enrober et laissez mariner au moins 2 heures.

Préchauffez le gril du four à 200°C. Étalez les morceaux de poulet dans un plat à rôtir, la peau au-dessus et versez la marinade autour.

Faites griller 45 minutes, jusqu'à ce que la viande soit cuite à cœur, en retournant les morceaux toutes les 15 minutes et en les badigeonnant chaque fois largement de marinade.

(L) — **Manhattan : Financial District**

($) — 0 5 10 15 (5–10)

(A) — **Adresse n° 06**

INGRÉDIENTS

- 1 poulet moyen
- 10 cl de jus de citron vert

Marinade

- 2 c. à s. de poivre de la Jamaïque
- 1 ½ c. à s. de sucre en poudre
- 1 ½ c. à s. de sel
- 1 c. à c. de poivre du moulin
- 1/3 c. à c. de cannelle en poudre
- ½ c. à c. de gingembre en poudre
- 3 oignons finement hachés
- 6 gousses d'ail hachées
- 2 piments Habanero (ou Japaleno), sans graines et hachés
- 4 branches de thym
- 8 cl de vinaigre
- 8 cl d'huile d'olive
- 2 c. à s. de rhum brun

Le poivre de la Jamaïque est caractéristique de la cuisine des Caraïbes. Cette petite baie ressemble à du poivre, sans en être, et développe à la fois des saveurs de girofle, de noix de muscade, de cannelle et de gingembre. C'est le fruit d'un arbre appelé pimenta, d'où son autre nom de piment de la Jamaïque.

Ⓛ—Manhattan : Financial District

Ⓢ— 0 5 10 15

Ⓐ—Adresse n°06

SORREL

Limonade à la fleur d'hibiscus

C'est dans le quartier de la Bourse, au restaurant jamaïcain de Véronica, que j'ai bu cette limonade pour la première fois. Par la suite, j'ai appris que les fleurs d'hibiscus poussaient très bien en Asie et en Afrique et qu'on en faisait des boissons.

INGRÉDIENTS

- 3 l d'eau
- 225 g de fleurs d'hibiscus
- 250 g de sucre en poudre
- 1 bâtonnet de cannelle
- 5 clous de girofle
- 3 à 5 cm de gingembre frais, selon le goût (facultatif)
- 1 citron vert

LA RECETTE !

Faites bouillir l'eau dans une casserole.
Aux premiers bouillons ajoutez les fleurs d'hibiscus, le sucre, la cannelle, les clous de girofle et le gingembre.

Retirez du feu, couvrez et laissez infuser jusqu'au lendemain.

Filtrez le liquide. Goûtez. Si vous le souhaitez, ajoutez un peu de sucre, de jus de citron vert ou diluez avec un peu d'eau.

Servez glacé.

*** À SAVOIR ***

En anglais, la fleur d'hibiscus porte le même nom que l'oseille, avec laquelle elle n'a rien à voir. Pour un peu plus d'amertume, augmentez la quantité de gingembre. Ou, au contraire, diluez votre « Sorrel » avec un peu de ginger ale.

Le choix des légumes de ce tajine est affaire de goût. On peut ajouter des pois chiches, des tomates, des poivrons, ou encore des haricots, à condition de respecter le temps de cuisson de chaque légume. Un quartier de citron confit apportera au plat une saveur caractéristique.

VEGETABLE TAJINE AND COUSCOUS

Un grand classique de la cuisine maghrébine !

TAJINE DE LÉGUMES À LA SEMOULE

INGRÉDIENTS

- 2 c. à s. d'huile végétale
- 2 oignons finement hachés
- 2 gousses d'ail écrasées
- 3 pommes de terre épluchées, coupées en cubes de 2 cm
- 1 courgette, coupée en deux, puis en tranches de 1 cm
- 3 carottes pelées, en cubes de 1 cm
- 1 quartier de courge musquée, pelé, sans les graines, coupé en cubes de 2 cm
- 1 c. à c. de gingembre en poudre
- 1 c. à c. de poivre blanc en poudre
- 1 c. à c. de paprika
- 1 c. à c. de cumin en poudre
- 1 c. à c. de ras el hanout
- 1 c. à c. de curcuma
- 1 c. à c. de sel
- 30 cl de bouillon de volaille
- 1 aubergine, coupée en deux, puis en tranches de 1 cm

Semoule

- 500 g de graine de couscous
- 60 cl de bouillon de légumes
- 60 g d'amandes effilées grillées

LA RECETTE !

Versez la graine dans un bol, recouvrez-la du bouillon de légumes et laissez-la gonfler au moins 20 minutes, ou jusqu'à ce qu'elle ait absorbé tout le liquide. Séparez les graines à la fourchette. Ajoutez les amandes et mélangez délicatement.

Chauffez l'huile dans une cocotte ou un plat à tajine traditionnel, et faites fondre les oignons et l'ail en remuant. Ajoutez tous les légumes et les épices, puis versez la moitié du bouillon.

Portez à frémissements, couvrez et faites cuire au moins 15 minutes. Si nécessaire et selon votre goût, ajoutez un peu de bouillon ou d'épices.

Disposez la semoule en dôme sur un grand plat chaud, creusez le centre et mettez-y les légumes.

(L)—Manhattan : Financial District

($) 0 5 10 15 (prix : 5–10)

(A)—Adresse n° 07

BROCHETTES DE POULET GRECQUES

SOUVLAKI

Dans un bar à l'angle de Chinatown, j'ai rencontré Paul, qui travaillait au Souvlaki GR truck. Je lui ai parlé de ma passion pour la street food et il m'a servi un souvlaki, avec des frites, de la feta et du romarin. Le poulet était moelleux et parfaitement assaisonné.

INGRÉDIENTS

- 1 kg de blancs de poulet
- 1 c. à s. d'origan frais
- 3 gousses d'ail écrasées
- quelques olives noires
- 1 c. à c. de sel
- ½ c. à c. de poivre
- 4 c. à s. d'huile d'olive
- 4 c. à s. de jus de citron vert
- 2 c. à s. de vinaigre de vin rouge
- 15 brochettes en bois ou en bambou, mises à tremper pendant 30 minutes

LA RECETTE !

Coupez le poulet en cubes d'environ 3 cm. Mélangez-les dans un bol avec tous les autres ingrédients. Laissez mariner 2 heures.

Sortez le poulet de la marinade, puis enfilez 3 ou 4 cubes par brochette.

Chauffez une poêle gril et faites cuire les brochettes 3 ou 4 minutes de chaque côté.

Accompagnez d'une salade à la feta, de tatziki et de quelques olives noires.

(L)—**Manhattan : Financial District**

($) 0 5 10 15

(A)—**Adresse n° 08**

* **À SAVOIR** *

On peut remplacer le poulet par du porc, du mouton ou du bœuf. En général, on sert la viande enveloppée dans de la pita.

*Entre 1950 et 1970,
beaucoup de Grecs
se sont installés
à New York
et alentour.*

*Au maximum
de leur immigration,
ils avaient plus
de 600 restaurants.*

*D'autres tenaient
des échoppes de
souvlakis.*

*La salade de tomate
et de concombre
à la feta était
toujours au menu.
Comme d'autres
fromages bulgares,
turcs
ou albanais, la feta
est un produit
courant à New York.*

INGRÉDIENTS

- 5 tomates mûres, mais fermes
- ½ concombre
- 2 c. à s. de vinaigre de vin ou de Xérès
- 4 c. à s. d'huile d'olive
- 120 g de feta émiettée
- 1 ou 2 c. à s. de menthe fraîche ciselée ou ½ c. à c. d'origan séché

(L)—Manhattan : Financial District

($) 0 5 10 15

(A)—Adresse n° 08

Feta cheese, cucumber and tomato salad

SALADE DE TOMATE ET DE CONCOMBRE À LA FETA

Rien de plus rafraîchissant que cette délicieuse salade par une chaude soirée d'été new-yorkaise. Et elle est prête en un clin d'œil !

LA RECETTE !

Coupez les tomates en tranches.

Fendez le concombre en deux dans la longueur. Retirez les graines, si nécessaire. Recoupez chaque moitié en tranches de 1 cm.

Ajoutez le vinaigre, l'huile, la feta et la menthe ou l'origan aux tomates et au concombre. Mélangez bien.

Vous pouvez compléter avec des lamelles d'oignon rouge, des olives noires ou vertes, du poivron rouge ou vert, de la salade verte ou une poignée de petits croûtons.

Au secours des vendeurs de rue

Avant d'entrer à l'université, Sean Basinski a voyagé en Asie et en Afrique, où il est tombé amoureux de la street food. Dès son retour à New York, il a ouvert son stand de cuisine mexicaine, pensant que ce serait une manière agréable de gagner un peu d'argent pendant ses études universitaires. Il a tout de suite constaté qu'il avait largement sous-estimé les difficultés de ce métier. C'était pendant l'été caniculaire de 1998 et Rudy Giuliani venait d'interdire le centre de Manhattan aux échoppes ambulantes. Sean organisa alors activement la résistance au maire. Plus tard, il obtint une bourse pour un projet d'assistance juridique aux personnes qui n'y avaient pas accès. Sean avait évidemment pensé aux vendeurs ambulants, qui n'avaient ni syndicats, ni avocats, ni interprètes. En 2002, le Street Vendors Project était né ; il partage aujourd'hui un étage de bureaux avec les 75 employés de l'Urban Justice Center, une organisation de défense des droits des New-Yorkais les plus vulnérables : sans-abris, handicapés mentaux, prostituées, jeunes lesbiennes, gays, bi et trans... et vendeurs de rue.

Le Street Vendors Project (SVP) concerne tous les commerçants ambulants, qu'ils vendent des hot dogs ou des lunettes de soleil. Contre un modeste droit d'entrée de 100 dollars par an, ils ont accès à une assistance juridique pour tout ce qui concerne les licences, les amendes, les stands et les emplacements de stationnement. SVP donne des informations sur la législation en vigueur en cinq langues. En 2012, l'association a gagné un procès contre la ville, qui a été condamnée pour distribution d'amendes disproportionnées en regard des infractions commises. Le juge a ordonné à la municipalité de rembourser immédiatement aux vendeurs la somme 228 000 $ et de réduire de 4 millions $ le montant des amendes impayées.

En 2004, SVP a lancé les Vendy Awards, qui sont à la street food ce que les Grammy Awards sont à la musique. Un jury et le public votent pour leurs vendeurs préférés dans différentes catégories. Les Vendy Awards sont aujourd'hui très populaires à New York, mais aussi à Los Angeles et à Philadelphie. Une partie des recettes va au Street Vendors Project et le gagnant, très médiatisé, voit sa clientèle augmenter fortement.

Thomas De Geest, le propriétaire de Wafels & Dinges, a remporté en 2009 un Vendy Award dans la catégorie « desserts ». Il est considéré comme un des entrepreneurs les plus talentueux du monde de la Street Food. Thomas n'est pas membre du SVP, mais de la New York City Food Trucks Association (NYCFA). Fondée en 2011, la NYCFA regroupe 45 camions sur un peu plus de 70 à New York. Les food trucks sont un phénomène relativement récent à New York : à peine ont-ils commencé à circuler dans ses rues en 2007 qu'ils ont été immédiatement plébiscités. Les food trucks, spacieux, permettent de stocker beaucoup de produits ; on peut y préparer des plats très élaborés dans leurs cuisines très équipées. Ce sont les « grands » de la street food. Leur organisation, la NYCFA, peut s'offrir les services d'un lobbyiste pour négocier avec la ville les licences et les emplacements de stationnement. Pour le Street Vendors Project , beaucoup moins riche, tout cela reste du domaine du rêve, mais ses modestes vendeurs ambulants profitent quand même de ses services.

Street Vendor Project, www.streetvendor.org
New York City Food Truck Association, www.nycfoodtrucks.org

Dans les coulisses de Wafels & Dinges

Thomas De Geest a ouvert Wafels & Dinges en 2007. À cette époque, il était seul et faisait donc tout lui-même. En 2013, il est à la tête d'une fabrique de gaufres, de deux camions et de cinq stands de rue, employant au total 60 personnes.

J'ai rencontré Thomas dans son entreprise, installée dans un quartier déshérité du Brooklyn industriel. Ce samedi matin, il fait encore nuit quand j'arrive chez Wafels & Dinges . Il n'est pas 6 h et il fait un froid de canard, mais les portes sont grandes ouvertes. Thomas, gros manteau et casquette jaunes, la couleur de ses camions, m'accueille à bras ouverts. Deux femmes et cinq hommes s'affairent autour des camions et des stands. « Voilà l'équipe de nuit », explique Thomas, « ils ont tout nettoyé et maintenant ils réapprovisionnent ». Belge, De Geest a naturellement tout baptisé de noms flamands. Les deux camions s'appellent Big Ol Momma et Kastaar, les cinq stands Bierbeek, Kotmadam, Goestling, Vedette et Pagadder. Thomas me montre Goestling (« L'appétit ») : l'intérieur en Inox brillant est immaculé et il n'y pas une tache sur les gaufriers. Des seaux de pâte à gaufres, des réservoirs de café et de chocolat au lait, des conteneurs de crème fouettée, de crème de spéculoos, de confiture de lait, de crème glacée, de Nutella, des casiers de fraises et de bananes sont très astucieusement rangés, chacun à sa place.

« L'équipe de nuit est exceptionnelle, ce sont tous des Mexicains, de très gros travailleurs », commente Thomas, qui parle couramment espagnol avec eux. « Ma femme est vénézuélienne » explique-t-il.

Je lui demande si ses employés bénéficient d'une assurance-maladie. « Ils peuvent en avoir une », assure Thomas, « s'ils sont disposés à payer 200 dollars par mois. Cela représente 70% de la cotisation, je prends le reste en charge. Pour ceux qui ont une famille, la cotisation est de 800 dollars par mois. » Les Mexicains de l'équipe de nuit ne peuvent dépenser une somme pareille. Ils gagnent 8 dollars de l'heure, tout juste le prix d'une gaufre garnie de chile con corne, et 75 cents de plus que le salaire minimum légal aux Etats-Unis. A New York, où le coût de la vie est élevé, on estime le salaire minimum pour vivre décemment à 14 dollars de l'heure. Mais même cette somme ne permet pas de souscrire une assurance-maladie familiale. En pratique, personne n'est assuré dans ce business : à cause du prix des cotisations, et aussi parce que des affaires comme Wafels & Dinges marchent bien.

Je fais le tour de la boutique. Ce qui frappe au premier regard, c'est la propreté des lieux et la répartition des tâches. Derrière une grande paroi de verre, cinq personnes travaillent « dont une qui ne s'occupe que du service », précise Thomas. Wafels & Dinges prépare aussi beaucoup de gaufres bruxelloises ou liégeoises pour des réceptions. « Si un client nous appelle, nous pouvons le livrer deux ou trois heures après, si c'est nécessaire. Notre réactivité a fait notre réputation, en particulier dans les milieux du cinéma. Pas plus tard que la semaine dernière, Alec Baldwin voulait offrir un buffet à toute son équipe, le jour même ; ça n'a pas posé de problème. » Avant de quitter le bureau, Thomas me montre un panneau d'affichage sur lequel deux papiers sont épinglés. Deux amendes, une de 1 000 dollars et l'autre de 2 000. Dans les deux cas, il y avait un problème de licence d'un des employés d'un stand de gaufres. 3 000 dollars, ça fait beaucoup de gaufres. « La municipalité n'est pas raisonnable », commente Thomas, « mais que faire, sinon payer ? ».

Nous visitons la cuisine, une grande pièce toute carrelée de blanc où trois personnes préparent une pâte à gaufres. La farine, la levure, le beurre, les jaunes d'œufs, l'extrait de vanille, le sel, le sucre en grains et l'eau sont soigneusement pesés, avant d'être mélangés dans un pétrin importé d'Allemagne. Un peu plus loin, les produits sont stockés dans une série d'énormes réfrigérateurs et congélateurs. Près de l'entrée, une petite boutique où l'on vend des T-shirts, des spéculoos et des bocaux de crème de spéculoos; « ça c'est lorsqu'on reçoit des visites ou qu'on part en tournée » explique Thomas.

Il est 7 heures et le soleil se lève. Les quatre stands et les deux camions sont partis : ils ouvrent tous à 8 heures, certains ferment après 22 heures. Il leur faut ensuite rentrer à Brooklyn où ils seront nettoyés par l'équipe de nuit et rechargés en marchandises pour repartir à 7 heures.

WAFELS & DINGES
Good Things Belgian

Wall Stree
2
3

WAFFLE WITH CHILI CON CORNE

Gaufres salées sauce poivron et maïs

Les New-Yorkais ont découvert les gaufres belges à l'occasion de l'Exposition Universelle de 1964. À l'époque, couvertes de chantilly et de framboises, elles coûtaient 1 dollar et connurent un immense succès. Les Américains les servaient aussi bien au petit déjeuner qu'en dessert, avec de la crème et toutes sortes de fruits frais. Un demi-siècle plus tard, dans des villes comme Portland, Austin ou New York, des food trucks spécialisés régalent leurs clients de gaufres, y compris salées, comme la « Chili con corne » de Wafels et Dingels, jeu de mots associant le nom du célèbre « Chili con carne » mexicain et le mot anglais « corn », qui désigne le maïs.

INGRÉDIENTS

Pour 40 gaufres

- 400 g de farine
- 1,3 kg de farine de maïs
- 440 g de sucre en poudre brun
- 8 c. à c. de sel
- 2 c. à c. de poivre
- 2 c. à c. de piment en poudre
- 4 c. à c. de cumin
- 1 l de crème liquide
- 1 l de lait entier
- 8 œufs
- 25 cl d'huile végétale
- 450 g de grains de maïs cuits, égouttés
- 1 c. à c. de levure chimique
- beurre pour le gaufrier

Sauce au poivron

- 25 cl de bouillon de légumes
- 140 g de boulgour
- 750 g de tomates
- 300 g de grains de maïs cuits, égouttés
- 250 g de haricots rouges cuits, rincés et égouttés
- 250 g de haricots noirs cuits, rincés et égouttés
- 3 c. à s. d'huile d'olive
- 500 g d'oignons hachés
- 1 c. à c. de cumin en poudre
- 3 c. à c. de piment en poudre
- 2 poivrons verts finement hachés
- 3 gousses d'ail émincées
- crème aigre ou yaourt à la grecque
- coriandre fraîche ciselée

LA RECETTE !

LES GAUFRES

Mélangez les ingrédients secs dans un grand bol et tous les autres, y compris le maïs, dans un second.

Réunissez l'ensemble et ajoutez la levure.

Versez la pâte à la louche dans un gaufrier beurré, préchauffé, et faites cuire les gaufres environ 4 minutes.

LA SAUCE POIVRON ET MAÏS

Faites cuire le boulgour pendant 15 minutes à petite ébullition, dans le bouillon, en couvrant la casserole. Retirez du feu quand les graines sont tendres. Séparez-les à la fourchette, couvrez à nouveau et laissez reposer 8 minutes.

Mettez les tomates, le maïs et les haricots dans une cocotte ou une mijoteuse électrique et faites chauffer. Ajoutez le boulgour.

Chauffez l'huile dans une grande poêle et faites revenir l'oignon, saupoudré du cumin et du piment. Quand il est tendre, ajoutez les poivrons et l'ail et laissez encore 2 ou 3 minutes sur le feu.

Versez le contenu de la poêle dans la cocotte, couvrez et faites cuire quelques heures à puissance minimum pour une mijoteuse, ou à feu aussi doux que possible dans une cocotte.

L — Manhattan : Financial District

$ — 0 5 10 15 (5–10)

A — Adresse n° 11

LA FACE CACHÉE DE NEW YORK ...

Nous suivons Jacqueline dans Brooklyn vers Vinegar Hill, le quartier d'origine du mouvement slow food aux Etats-Unis. Derrière les comptoirs, on peut y admirer des cuisiniers à longue barbe, symboles vivants de cette cuisine alternative. Nous traversons Dumbo, le quartier des artistes, où se tient justement le festival annuel, et nous allons faire la queue pour une pizza chez Grimaldi.

Dans le South Bronx, au carrefour de Wales et de la 152e rue, des Portoricains font la fête. Ils ont l'air tellement heureux de nous voir qu'ils nous offrent des **empanadas** de bon cœur. Rock'n Roll, ces vendeurs de rue ! Ils ne cuisinent pas dans un camion multicolore, mais dans une vieille roulotte, où les clients peuvent s'asseoir en attendant leur commande. Quel dommage que ces endroits sympathiques risquent de disparaître ! Les réglementations sanitaires, les inspections de plus en plus rigoureuses et les amendes toujours plus fortes viennent à bout des lieux les plus conviviaux. Je me demande combien de temps cette roulotte va encore tenir.

Nous nous régalons d'un **poulet tikka** à un food truck d'Harlem. Jacqueline nous fait traverser l'Université de Columbia et le parc de Morningside Heights pour arriver 116e rue. Là, des vieilles femmes vendent des tortillas et la queue s'allonge devant Sam's Famous Pizzeria. Les Portoricains préparent des assiettes fumantes de mofongos dans de minuscules échoppes improvisées. Jacqueline offre un sandwich à un sans-abri. Vivante et bigarrée, la 116e rue réserve bien des surprises.

Toujours complices, Luk et moi passons notre dernière soirée à New York dans un quartier qui pousse au crime : East Village, fantastique melting-pot de toutes les cultures et de toutes les cuisines. Nous commençons par une belle bouteille de vin italien chez Lil' Frankie's, avant d'apaiser notre fringale chez Momofuku où nous partageons cinq entrées. La cuisine de David Chang est exceptionnelle, comme toujours. Je parcours mon portable avec béatitude, heureux de toute la documentation rassemblée ces dernières semaines. À cet instant, je ressens en moi toute l'énergie que New York m'a transmise et je décide des recettes que je mettrai à la carte de mon noodle bar de Gand.

De retour chez Jacqueline, nous prenons le ferry de Staten Island pour la dernière fois, en regardant Manhattan s'estomper derrière nous. Mais nous savons que ce n'est qu'un au revoir : quand vous êtes tombé sous le charme de New York, vous y retournez immanquablement. Chez Jacqueline, une surprise m'attend. Elle me tend une boîte venue tout droit de Chinatown ; à l'intérieur, une petite enseigne au néon scintille d'un seul mot : « OUVERT ».

SABRETT

EMPANADA

CHAUSSONS DE VIANDE

(L)—Bronx : Jackson Avenue

($) 0 5 10 15

Quand nous sommes arrivés, vers 15 h, au food truck Piranha's, dans le Bronx, toute l'équipe faisait la fête et nous a offert des empanadas venant droit du cœur. C'était super !

INGRÉDIENTS

- 2 c. à s. d'huile
- 2 échalotes finement hachées
- 2 gousses d'ail
- ¼ c. à c.de cumin en poudre
- ¼ c. à c. de paprika
- 300 g de bœuf haché
- ½ c. à c. de sel
- ½ c. à c. de poivre
- 4 feuilles de pâte à filo (pour 8 empanadas)
- 1 œuf légèrement battu

LA RECETTE !

Préchauffez le four à 200°C (th.6-7). Dans une petite casserole, faites suer l'échalote et l'ail à feu très doux avec l'huile, en remuant souvent.

Saupoudrez le cumin et le paprika, mélangez, puis ajoutez la viande et faites-la juste brunir à feu moyen. Salez et poivrez.

Découpez dans la pâte à filo des disques d'environ 10 cm de diamètre. Posez une grosse cuillerée de viande épicée au centre, humidifiez le tour et repliez le disque. Soudez les bords en pressant bien.

Dorez la surface à l'œuf battu, enfournez et faites cuire 15 minutes, pour que la pâte soit bien dorée.

*** À SAVOIR ***

Ces petits chaussons ressemblent aux Curry puffs de Singapour ou aux Banh goi vietnamiens. Les marchands portugais les ont fait connaître au monde entier.

Jackson Av
PAN · TIERRA · LIBERTAD

TACOS DORADOS Y DE GUISADO
TACOS DE ARROZ CON HUEVO
TORTAS Y TAMALES
¡BEBIDAS CALIENTES!
CAFÉ - ARROZ CON LECHE - CHAMPURRADO Y
PASE ADELANTE / PLEASE COME IN

PLU#
GREEN ONIONS (48 BUNCHES) 4068
BUNCH RADISHES (24 BUNCHES
REEN LEAF 4076
RED LEAF 4075
ENDIVE 4604
ESCAROLE 4605
ROMAINE 4640

aloo tikki chaat
veg. samosa chaat
biryani
vegetable biryani
chicken biryani
drinks
mango lassi
thums up
soda / water
on same day

BARNARD

LA RECETTE !

Mélangez le yaourt, l'ail, le gingembre, les épices et le concentré de tomate. Mettez les cubes de poulet dans cette marinade, arrosez du jus de citron et remuez bien. Couvrez, placez au réfrigérateur et laissez mariner au moins 4 jours.

Préchauffez le gril du four à 220°C (th.7-8). Égouttez les morceaux de poulet, en conservant la marinade, et faites-les griller environ 15 minutes, en les retournant régulièrement, pour cuire la viande à cœur.

Dans une casserole, faites revenir l'oignon quelques minutes, avec l'huile et le piment, en remuant de temps en temps. Ajoutez le reste de la marinade, puis les cubes de poulet et la tomate. Mélangez et laissez mijoter encore un peu, pour que la sauce soit bien onctueuse.

Parsemez de coriandre. Accompagnez de riz et de salade bien fraîche.

INGRÉDIENTS

- 30 cl de yaourt à la grecque
- 4 gousses d'ail finement hachées
- 2,5 cm de gingembre frais finement haché
- 1 c. à c. de cumin
- 1 c. à s. de garam masala
- 1 c. à s. de curcuma en poudre
- 1 c. à c. de paprika
- 1 c. à c. de piment en poudre
- 1 c. à c. de coriandre moulue
- 1 c. à c. de concentré de tomate
- 4 blancs de poulet, en cubes de 3 ou 4 cm
- le jus d'un citron vert
- 2 c. à s. d'huile végétale
- 1 oignon finement émincé
- 1 petit piment Japaleno
- 1 tomate, coupée en dés
- 1 poignée de feuilles de coriandre ciselées

CHICKEN TIKKA

C'est l'un des plats les plus populaires au monde, une merveille de la cuisine indienne !

(L)—Manhattan : Morningside Heights

($) 0 5 10 15

POULET GRILLÉ

MARINÉ AU YAOURT, AUX ÉPICES ET À LA TOMATE

ダークフォース

Panser les plaies de Sandy

Le 29 octobre 2012, New York était frappée de plein fouet par l'ouragan Sandy. Au moment où nous écrivons ce livre, la ville travaille à effacer les traces de la catastrophe, ce qui prendra des années. Les dégâts ont été estimés à plus de 20 milliards de dollars. Le secteur de l'alimentation a été très touché : des centaines de magasins, de restaurants, de cafétérias et de camions frigorifiques ont été détruits. Des milliers de gens ont perdu leur emploi.

Des centaines de milliers de New-Yorkais se sont retrouvés sans eau, ni gaz, ni électricité ; beaucoup n'avaient plus grand-chose à manger. Mais, comme après le 11 septembre, la ville n'a jamais baissé les bras. Les organismes officiels de secours ont vite été vite débordés, mais des milliers de bénévoles se sont mobilisés pour aider tous ceux qui en avaient besoin. Les œuvres de charité, les organisations de quartier et le groupe Occupy Sandy, émanation du célèbre Occupy Wall Street , ont aussi pris part à la reconstruction. Les camions de la NYC Food Truck Association ont fourni une aide précieuse. On a envoyé ces cuisines mobiles, pourvues en eau et en aliments chauds, là où les plus grands besoins se faisaient sentir. La nourriture, le gaz et le fuel des camions étaient payés par des fonds privés et par la ville.

Ces dernières années, la municipalité de New York n'avait rien fait pour faciliter le travail des food trucks, leur imposant des amendes de plus en plus fortes. Mais dans les jours qui ont suivi Sandy, le maire Bloomberg ne pouvait que les remercier : ils avaient distribué gratuitement 275 000 repas chauds ! Sur l'autre rive de l'Hudson, à Hoboken, dans le New Jersey, les food trucks eurent beaucoup de succès, jusqu'à ce qu'ils soient interdits en 2011, sous la pression des restaurateurs locaux. Quelle triste revanche en 2012, quand la municipalité d'Hoboken implora sur sa page Facebook : « Propriétaires de food trucks, venez à Hoboken, nous aider à nourrir nos concitoyens. »

Quelques propriétaires de camions ont été touchés directement par Sandy. En centre-ville, les lieux où ils travaillaient sont restés inaccessibles plusieurs mois, les générateurs électriques, les chauffages mobiles et les centraux téléphoniques d'urgence ayant rendu le stationnement impossible.

On peut faire beaucoup, avec un peu d'ingéniosité. Dans les quartiers les plus touchés, Red Hook, Dumbo, Long Island City et South Street Seaport, la plupart des bars et des restaurants n'étaient pas assurés contre les dégâts des eaux et nombre d'entre eux n'étaient pas éligibles aux aides fédérales. Sans se décourager, leurs propriétaires ont levé des fonds sur des sites de financement collectifs, comme Kickstarter ou GoFundMe. Le vivier à homards de Red Hook, le fameux Lobster Pound, avait besoin de 75 000 dollars pour rouvrir, Sandy ayant détruit le magasin, toute la marchandise et la cafétéria de l'autre côté de la rue. Le Big Red, food truck de l'enseigne, était aussi fortement endommagé. L'entreprise a réussi à collecter assez d'argent, en vendant sur Internet des bons pour des portions de homard au Lobster Pound : un quart du produit de la vente était affecté à la reconstruction du magasin.

Les propriétaires de food trucks espéraient que la municipalité tiendrait compte de leurs efforts dans les semaines suivant Sandy et que police et autorités sanitaires seraient plus tolérantes à l'avenir. Malheureusement, la lune de miel ne devait pas durer longtemps : dès janvier 2013, la police emmenait en fourrière les camions garés aux parcmètres. Les affaires reprenaient.

CARNET D'ADRESSES

Pozole

01. MARINA VERA LUZ

Chaque dimanche en face de l'église Shrine of our Lady of Guadalupe
328 West 14th Street, Manhattan
Heures d'ouverture : 6 h à 15 h
Du lundi au vendredi à l'angle de West 40th Street et 8th Avenue, Manhattan
Heures d'ouverture : 5 h à 8 h

Papa rellena / morir soñando /quesadilla

02. FORDHAM DOMINICAN CART

À l'angle de Webster et Fordham Road, Bronx
Heures d'ouverture : 10 h à 18 h, du lundi au samedi

Burrito / pork ribs in green sauce

03. MARIA'S TACO KIOSK

Columbus Square sur East Fordham Road, Bronx
Heures d'ouverture : 8 h à 19 h, tous les jours

Soul food

04. MANNA'S RESTAURANTS

70 West 125th Street
486 Lenox Avenue près de 134th Street
2331 8th Avenue près de 125th Street
54 East 125th Street près de Madison Avenue
Heures d'ouverture : 11 h à 21 h, lundi au samedi ; 11 h à 20 h, le dimanche.
www.soulfood.com

Soul food

05. THE UNITED HOUSE OF PRAYER FOR ALL PEOPLE CAFETARIA

2320 Frederick Douglass Boulevard et 125th Street, Harlem, Manhattan
Heures d'ouverture : 11 h 30 à 19 h, du lundi au samedi ; 11 h 30 à 14 h, dimanche
www.tuhopfap.com

Oxtail stew / jerk chicken / sorrel

06. VERONICA'S KITCHEN

125 Front Street
Financial District, Manhattan
Heures d'ouverture : 10 h à 15h, du lundi au vendredi

Tajine

07. BISTRO TRUCK

Les emplacements changent tous les jours
Fermé de fin octobre à début avril
www.bistrotruck.com

Greek chicken skewers / feta salad

08. SOUVLAKI TRUCK

Heures d'ouverture : 12h à 21 h, du lundi au vendredi ; 12 h à 19h, le week-end.
Les emplacements varient.
www.souvlakigr.com

Pizza / scallion pancake

09. **SAM'S FAMOUS PIZZERIA**

150 East 116th Street (entre Lexington Avenue et 3rd Avenue) Manhattan
Heures d'ouverture : 7 h 30 à 22 h, tous les jours

Oesters

10. **OYSTER BAR RESTAURANT**

Niveau inférieur de la gare Grand Central, 42nd Street et Vanderbilt Avenue
Heures d'ouverture : 11 h 30 à 22 h, du lundi au vendredi ; 12 h à 22 h le samedi ; fermé le dimanche
oysterbarny.com

Waffle with chili 'con corne'

11. **WAFELS & DINGES**

Les emplacements varient.
www.wafelsanddinges.com

Arepa / cocotas

12. **PALENQUE HOME MADE COLOMBIAN FOOD**

*Smorgasburg food market
Kent Avenue, Williamsburg, Brooklyn
Week-ends : 11 h à 18 h, d'avril à novembre
www.palenquehomemadecolombianfood.com

Arepa / cocotas

13. **PALENQUE FOOD TRUCK**

Park Avenue et 47th ou 46th, Manhattan
Heures d'ouverture : 12 h à 16 h

Spicy lamb noodles / szechuan chicken

14. **XIAN FAMOUS FOODS**

41-28 Main Street, Foodcourt
Flushing, Queens
Heures d'ouverture : 10 h 30 à 21 h 30
www.xianfoods.com

Tempeh sandwich / chocolate brownie

15. **THE CINNAMON SNAIL**

Park Avenue et 47th ou 46th Avenue, Manhattan
Heures d'ouverture : 12 h à 16 h
http://www.cinnamonsnail.com/

Falafel

16. **KING OF FALAFEL**

Park Avenue et 53rd Street, Manhattan
Heures d'ouverture : 11 h à 15 h du lundi au vendredi
http://www.thekingfalafel.com

Salted beef taco / Mexican sandwich

17. TORTAS NEZA

111th Street et Roosevelt Avenue, Queens
Heures d'ouverture : 6 h à 22 h

Osaka pancakes

18. OKDAMAMAN FOOD TRUCK

Park Avenue and 47th or 46th, Manhattan
Heures d'ouverture : 12 h à 16 h
http://okadamannyc.com/

Bulgogi / Kimchi

19. WOORIJIP

12 W et 32th Street, entre 5th Avenue et Broadway, Manhattan
Heures d'ouverture : 8 h à 15h, tous les jours
http://woorijipnyc.com

Key lime pie

20. STEVE'S AUTHENTIC KEY LIME PIE

Pier 40, 185 Van Dyke Street
Red Hook, Brooklyn
Heures d'ouverture : les horaires varient, ouvert tous les jours
www.stevesauthentic.com

Bagel with cream cheese and lox

21. RUSS & DAUGHTERS

179 E Houston Street, entre Allen Street et Orchard Street
Lower East Side, Manhattan
Heures d'ouverture : 8 h à 20 h, du lundi au vendredi ; 9 h à 19 h, le samedi ; 8 h à 17 h 30 le dimanche
www.russanddaughers.com

Knish

22. YONAH SCHIMMEL KNISH BAKERY

137 E Houston Street, entre First Avenue et Second Avenue
Lower East Side, Manhattan
Heures d'ouverture : 9 h à 19 h, du lundi au vendredi et dimanche ; 9 h à 21 h vendredi et samedi

Pastrami sandwich

23. KATZ'S DELICATESSEN

205 E Houston Street, à Ludlow Street
Lower East Side, Manhattan
Heures d'ouverture : 8 h à 21 h 45, lundi et mardi ; 8 h à 11 h 30, mercredi, jeudi et dimanche ; 8 h à 2 h 45 du matin, vendredi et samedi. www.katzdeli.com

Veal heart satay

24. MOROCHO

1 Union Square West, Manhattan
Heures d'ouverture : 11 h 30 à 23 h, tous les jours.
www.facebook.com/morochoNYC

Scallion pancakes

25. **AA PLAZA**

À la station de métro Flushing-Main Street (ligne 7)
Flushing, Queens
Heures d'ouverture : 11 h à 20 h, tous les jours

Tamales / Cactus salad

26. **NIXTAMAL TORTILLERIA**

104-05, 47th Avenue
Corona, Queens
Heures d'ouverture : 11 h à 18 h, du lundi au mercredi ; 11 h à 21 h, jeudi et dimanche ; 11 h à 21 h, vendredi et samedi

Lobster roll

27. **RED HOOK LOBSTER POUND**

284 Van Brunt Street, Red Hook, Brooklyn
Heures d'ouverture : 12 h à 20 h, mardi, jeudi et dimanche ; 12 h à 22 h vendredi et samedi

ICE CREAM
ICE CREAM
BITEME
CHEESECAKES
MAKING CHEESE
SMASHING CAKES
ATM
BLUEMARBLE
ICE CREAM

MARCHÉS ET ZONES DE RESTAURATION

A. **GREENMARKET FARMERS MARKET**
Pour connaître les emplacements : www.grownyc.org

B. **UNION SQUARE GREENMARKET**
Côtés nord et ouest du Union Square Park
Heures d'ouverture : 8 h à 18 h, les lundi, mercredi et samedi

C. **EATALY**
Boutique, zone de restauration et restaurants
200 5th Avenue, entre 23th et 24th Street, Manhattan
Heures d'ouverture : 10 h à 23 h, tous les jours
www.eataly.com

D. **ARTHUR AVENUE MARKET**
Arthur Avenue et East 187th Street, Bronx
Heures d'ouverture : 8 h à 17 h, fermé le dimanche
www.arthuravenuebronx.com

E. **FOOD COURT**
Niveau inférieur de la gare Grand Central,
42nd Street et Vanderbilt Avenue, Manhattan
Heures d'ouverture : 7 h à 21 h, lundi au samedi ; 11 h à 18 h le dimanche

F. **TODD ENGLISH FOOD HALL PLAZA HOTEL**
Fifth Avenue (à Central Park South) Manhattan
Heures d'ouverture : 11 h à 22 h, du dimanche au jeudi ; 11 h à 23 h vendredi et samedi
www.theplazany.com

G. **RED HOOK VENDORS**
Red Hook Recreational Area, au coin de Bay et Clinton Street, Brooklyn
Heures d'ouverture : 9 h à 21 h, samedi et dimanche

H. **CHELSEA MARKET**
75 Ninth Avenue, entre 15th et 16th Street, Chelsea, Manhattan
Heures d'ouverture : 7 h et 21 h, lundi à samedi ; 8 h à 20 h, le dimanche
www.chelseamarket.com

I. **SMORGASBURG**
2 emplacements
Le samedi : à l'East River State Park, Kent Avenue et North 7th Street
Williamsburg Waterfront, Brooklyn
Le dimanche : à la Tobacco Warehouse, Brooklyn Bridge Park, Dumbo, Brooklyn
Heures d'ouverture : 11 h à 18 h, d'avril à octobre

J. **NEW WORLD MALL**
4021 Main Street
Flushing, Queens
Heures d'ouverture : 9 h à 22 h, tous les jours
www.newworldmallny.com

INDEX

INDEX

S

T

V

Equivalences

Mesures liquides

Système métrique	Système américain	Autre nom
5 ml	1 cuillère à thé (cuillère à café française)	
15 ml	1 cuillère à table (cuillère à soupe française)	
35 ml	1/8 cup (tasse française)	1 oz (ou once)
65 ml	1/4 cup ou 1/4 grand verre	2 oz
125 ml	1/2 cup ou 1/2 grand verre	4 oz
250 ml	1 cup ou 1 grand verre	8 oz
500 ml	2 cups ou 1 pinte	
1 litre	4 cups ou 2 pintes	

Mesures solides

Système métrique	Système américain	Autre nom
30 g	1/8 oz	
55 g	1/8 lbs	2 oz
115 g	1/4 lbs	4 oz
170 g	3/8 lbs	6 oz
225 g	1/2 lbs	8 oz
454 g	1 livre	16 oz

Chaleur du four

Chaleur	° Celsius	Thermostat	° Fahrenheit
Très doux	70 °C	Th. 2-3	150 °F
Doux	100 °C	Th. 3-4	200 °F
	120 °C	Th. 4	250 °F
Moyen	150 °C	Th. 5	300 °F
	180 °C	Th. 6	350 °F
Chaud	200 °C	Th. 6-7	400 °F
	230 °C	Th. -7-8	450 °F
Très chaud	260 °C	Th. 8-9	500 °F

Crédits

PHOTOGRAPHIES : Luk Thys, luk@foodphoto.be
MISE EN PAGE : Natasja Billiau, info@prezent.nu

DIRECTION ÉDITORIALE DE L'ÉDITION FRANÇAISE : Barbara Sabatier
RÉALISATION DE L'ÉDITION FRANÇAISE : Édiclic
MISE EN PAGE DE L'ÉDITION FRANÇAISE : Édiclic
TRADUCTION : Martine Lizambard pour Édiclic
RELECTURE TYPOGRAPHIQUE : Erwann Lepoittevin pour Édiclic

© LANNOO PUBLISHERS, 2013
© MANGO POUR LES ÉDITIONS EN LANGUE FRANÇAISE, 2013
ISBN : 9782317003721
CODE MDS : 73786
ACHEVÉ D'IMPRIMER PAR PUBLIKUM
DÉPÔT LÉGAL : OCTOBRE 2013

NUEV
JUGO
"Pepino
Try our
New Juice
"CUCumber
de
Mango
TIP